天国の子どもたちから

残された家族への愛のメッセージ

(原題) *INNOCENT VOICES IN MY EAR*

by DORIS STOKES
ドリス・ストークス

Japanese translation published by arrangement with
Time Warner Book Group,a division of Time-Life
Entertainment Group Limited through The English
Agency(Japan)Ltd.

監訳者まえがき「ふたりのドリスに導かれて」／江原啓之

知人から、一枚のＤＶＤが送られてきた。

それは、英国はもとより世界的に有名なミーディアム（霊媒）、ドリス・ストークスが「バービカン・センター」というロンドンの大ホールで行なった講演の模様であった。音声もあまりよくない古い映像ではあったが、前半はスピリチュアルな話、後半にはデモンストレーションが収録されており、実際に彼女のデモンストレーションを見られなかった私には、貴重な機会となった。映像を通してではあるが、初めてお姿を拝見できて、とても胸が熱くなった。実は、ドリス・ストークスには、ある特別な思いがあったからだ。

かつて私は、スピリチュアリズムを勉強するため、英国にたびたび足を運んでいた。そのとき、優れたミーディアムがいると聞き、ぜひ会いたいと切望したのが、ドリス・ストークス、その人なのである。

「なんとかして面会できないだろうか」と、手を尽くしたのだが、時すでに遅く、彼女は他界していたのだった。残念だがやむをえないと思っていたとき、「もうひとりのドリスであれば会えますよ」と教えられ、導かれるようにして訪れたのが、私の現在の活動にも大きな影響を与えたドリス・コリンズなのである。

ドリス・コリンズは、本書とは直接のかかわりはないが、ここで少しご説明したいと思う。

彼女は、ＢＢＣ（英国国営放送）などでテレビ番組に出演したり、講演やデモンストレーションにて、ロイヤルアルバートホールを満杯にするほどの人気を誇るミーディアムであった。

私が現在、スピリチュアル・カウンセラーとして書籍やテレビで活動する一方、スピリチュアル・アーティストとして公演を行なっているのも、実はドリス・コリンズがお手本となっているといっても過言ではない。彼女の活動に感銘を受けた私は、「このまま英国に残りたい」と申し出たのだが、「あなたは私のように、日本でのパイオニアにならなくてはいけない」と諭《さと》され、帰国したのであった。

そうした経緯があって今の私があるわけだが、そもそもの出発点は、「ドリス・ストークスに会いたい」という熱い思いから始まっていたのである。

「ドリス・コリンズ」との出会いをコーディネイトしてくれたのは、「ドリス・ストークス」であったに違いない、と私は今も思っている。この出会いには、霊界のはからいがあったと思わずにはおれないのである。

今回、「監訳をしてもらえないだろうか」というお誘いをいただいたときも、再び、ドリス・

ストークスとの縁が結ばれたことを感じ、ありがたくお受けしたいと思ったのだ。

　前置きが長くなったが、ドリス・ストークスについてお話ししよう。

　彼女は、生まれながらに霊能力を持っていたのだが、それを彼女に自覚させた出来事として、夫の死にまつわる「誤報」があった。

　第二次世界大戦中、「夫のジョンが戦死した」という知らせが彼女のもとに届いたのだ。そのとき、すでに他界していたドリスの父親が夢に現れ、「ジョンはこちらにはいない。すべてはクリスマスにはっきりする」と告げた、という。そして実際にクリスマスになり、夫が生きていたことがわかったのである。

　こうした出来事を経て、彼女は自らの霊能力を強く自覚する。そして、その後、彼女を襲った悲しい体験～愛する息子の死～が、ミーディアムとして生きていく「原点」となったのである。

　この点において、私も少なからず共感するところがある。

　誤解されやすいのであるが、霊能者というのは、霊能という「力」があればなれるものではない。そうした力は、実はミーディアムにとっては副産物にすぎないのだ。霊媒に助言を求める人の多くは、たとえば愛する人を亡くした経験があり、悲しみに暮れている人がほとんどである。そうした人に寄り添い、霊界からのメッセージを受け取るためには、実際の霊能力以外に、十分な「想像力」が必要となるのである。

　そして、それは霊媒自らの経験に根ざすことも多い。ドリスにおいては息子の死がそうであったように、私の場合、両親との死別という経験がこの道を歩む原点となった。

悲しい経験があったからこそ、私は、

「人は死した後どうなるのか。死は本当に永遠の別れなのか」

「死があるのならば、なぜ人はこの世に生まれてきたのか」

といった命題に向き合えたのである。両親との別れがなかったならば、今の私はないかもしれないとさえ思っている。本書の中でも紹介されているが、ドリスが子どもを亡くした親御さんにメッセージを伝えることを得意としていたのも、自らの悲しみを乗り越え、それが活動の支えともなったからに他ならないのではないだろうか？

さて、ここで、霊媒として霊界からの通信を受け取るとは、どういうものなのかを少しお話ししておきたいと思う。

私もテレビ番組を通して、その様子をデモンストレーションとしてお見せしてはいるものの、みなさんにはなかなか掴みづらい部分もあるのではないかと思う。まず、霊界からのメッセージは、相談者のオーラなどがスクリーンとなってそこに描かれる。それを肉眼ではなく、霊眼で視るのである。そして、メッセージを聴くときは、この世での実際の「音」ではなく、たましいでキャッチして聴くのである。

これらは能動的な見方、聞き方ではなく、あちら側からもたらされるものを視る・聴くという「受動的」なものである。いずれの場合も、その念は微細であり、これを掴むには相当の精神統一と集中力が必要となる。霊媒のことを「センシティブ」とも呼ぶのは、それだけ繊細な作業によって「霊視」するからである。

また、霊能力というと、いつも完璧に視えたり聴こえたりすると思われがちだが、それも誤解である。野球選手がいつもパーフェクトにヒットを打てないように、普段からどんなにトレーニングを積んでいたとしても、そのときの状況しだいでコンディションは変わるものなのだ。

ドリス・ストークスを語るとき、非常に面白いエピソードがある。それをここに紹介したい。

ある交霊会において、霊からのメッセージがまったく聴こえなくなったことがあった。そのとき、経験豊富な霊媒にヒントを求めたところ、「会場に行ってから観客の話を盗み聞きしてメモをとっておけばいい。それをもとに話しなさい」というアドバイスを得た。そして、実際、ドリスは2回ほどインチキをしようとしたという。

でたらめなことを話したため、当然ながら的外れなことばかりで、相談者も当惑気味。そのとき、再び声が聴こえはじめた。

「あなたは相談者に『霊言が霊界からのものではなかった』ことを告げなさい」、と。

促されるままに、ドリスはすべてを告白する。観客は、自らの不正を認めた彼女の誠実な態度に心を打たれ、そのことでかえって人気が増したという。

この例でもわかるように、霊能というのは完璧ではないし、「当たる・当たらない」という基準ではかるものではない。

ドリスは、その後、真摯《しんし》な姿勢でデモンストレーションを続け、オーストラリアのテレビ番組などに立て続けに出演したのである。

彼女は、「自分は決して特別な存在ではなく、ごく普通の人間である」という姿勢を貫いたミーディアムであった。私も、霊的世界の「通訳」でありつつも、ひとりの人間として、現世を生き抜きたいと願っている。

現在、個人カウンセリングは休止しているが、その分、テレビ番組や「スピリチュアル・ヴォイス」という舞台公演を通して、皆さんにデモンストレーションをお見せする機会が増えた。先程も申しあげたが、霊界からの通信というのは、すべて霊界が〝視せてくれる〟ものであり、いわば「受動的」なものである。そして、多くの場合、その相談者にしか知りえない「キーワード」がもたらされる。そこで示されるエピソードは、第三者からすればなんということではなくても、当事者にはとても大きなインパクトを持つのだ。

たとえば、ある公演でのエピソードを紹介しよう。若くして亡くなったお子さんの通信であったのだが、私が、お子さんが会場にオートバイに乗って現れたことをご両親にお話しすると、ふたりはとても驚いていらした。聞けば、「生前からオートバイを欲しがっていたのだ」という。そして、あちらの世界に旅立ってから、その願いがかなったことを知って、たいへん喜ばれたのである。

このように、デモンストレーションは、霊的世界が確かに存在することを立証するものである。

あの世とこの世という隔たりはあっても、想いは必ず伝わる。

本書においては、ドリス・ストークスが実際に行なってきたシッティングの事例が紹介されている。そのどれも、霊的世界の実相を見事に表している。皆さんも、ぜひ、霊的世界の神秘を感じていただきたいと思う。

本書は、生きる意味を見失ってあえいでいる人、そして愛する人を失って悲しみに暮れている人を強く励ますことだろう。

間違いなくこれは、スピリチュアル・ワールドからもたらされた福音というべき一冊である。

前書きにかえて／ドリス・ストークス

＊　＊

この本を私と同じように子どもたちを愛してくれた、真の紳士であるディック・イメリー氏に捧げます。

＊　＊

「死は特別なものではなく隣りの部屋へ移った、ただそれだけのこと。私は私であり、あなたはあなたです。互いに何があっても、私たちは変わらないのです。

昔の名前で呼んでください。口調を変えず悲しみを忘れ、いつも話していた言葉で話しかけてください。冗談を言い合っていた時のように笑ってください。私を思い出し、私のために祈ってください。いつものように家族の会話に私の名前を出してください。意識せずに明るく話してください。悲しいことではないのです。

人生は同じことの繰り返しであり、途切れなく続きます。なにゆえ、忘れてしまうのか、見えないからでしょうか。私は今、この時でもあなたのことをすぐ近くで待っています。何もかも大丈夫だから」

世界中の親たちに慰めの言葉を贈ってくれたマンディーのお母さんのジルに感謝をいたします。

＊＊＊　もくじ　＊＊＊

Chapter 1／我が子を失うことの悲しみ

男の子は突然現れた。

四、五才くらいで褐色の髪は軽くカールがかかり、少しとがった小さい顔は、妖精のようでした。

その子が、いたずらっ子のように笑いかけてきたので、私も微笑み返したものの、そばにいた人の会話に心が移ってしまいました。

するとその直後、大きな光が私を照らしたのです。

あたりを見ると、その子が洋服を脱ぎだしていました。ジャンパーからはじまり、ジーンズ、ソックスを脱ぎ、最後に下着まで脱いでしまい、それらの服を床に広げ、ピンク色のえくぼをうかべ、うれしそうに私の前に立っているのです。

「冗談で、私をからかっているのかしら、この子は。服を全部脱ぎ、床に広げてしまったわ。真っ裸でそこに立っているのよ」

と、その子の父親に尋ねました。私は、おかしくなって笑ってしまったのですが、どういうわけか父親は笑いませんでした。それどころか、涙を流しはじめたのです。父親は涙の理由を私に語ってくれました。

「それこそが私にとって必要な証拠なんです。ポールは知的障害があり、無視をされたと思うとよく服を脱ぐので、お客さんには、前もって謝《あやま》っていたのです」

幼いポールは、数ヶ月前に亡くなっていて、すでにあちら側に渡り、もはや会うことは叶いませんでしたが、だからといって、決して遠くにいったわけではなかったのです。あちら側のポールの知的障害は消えていても、個性は残っていて、私が他の人と話しを始めたのを無視されたと思い、いつものように服を脱いだのです。

私は昔から子どもが大好きなので、今でもあちら側と通信をする際に子どもがいると、鮮明に伝わってきます。

私自身が子どもの時でさえ、幼い子が大好きで、赤ちゃんは本当に美しいと思っていました。幼いころから赤ん坊を抱っこしたり、おしめを替えさせてもらったりして、本物の赤ちゃんがいると、人形には目もくれなかったほどです。

＊　＊

私が幼いころのことです。（私は幼いころ、理由はわからないが「ポーキー」と呼ばれていた）

「ポー、ちょと来て。哺乳瓶を持っていてね」

と若い母親に呼ばれると、嬉しくなって、乳母車の脇に立ち、やっと向こう側が見えるくらいでしたが、赤ん坊が飲み終えるまで、自慢げに哺乳瓶を持っていました。それから、つま先立ちで、ていねいに顔と口を拭《ふ》いてあげました。

幼少であるために、まだスピリチュアルな世界がどんなものかもわかりませんでしたが、私は強くスピリチュアルな世界と交流していました。そのことを示すエピソードがあります。

故郷のグラサンの通り。お隣りさんが、大きな乳母車を押していたのを目にした私は、嬉しくなって駆け寄りました。フリルの日よけ帽をかぶった赤ちゃんが、小さな拳《こぶし》をふりながら、私に微笑みました。しばらくは乳母車と一緒にスキップをし、ガラガラをふったり、おかしな顔をして笑わせていましたが、どうにも我慢ができなくなって、「押させて」と大きな声で懇願しました。

「いいわよ、ポー。でも、気をつけてね」（お隣りさんは、ちょっと手を休めるので喜んでいたようだった）

私は、小鼻を膨《ふく》らませて、ハンドルを握り、でこぼこ道を細心の注意をはらいながら、乳母車を押しました。それはあたかも天職のようで、落差のある縁石さえも、器用に乗り越えたものです。

その時、赤ちゃんが突然、咳き込み始めたのです。

最初、母親は笑みを浮かべながら背中をさすっていましたが、咳きがひどくなり赤ん坊の顔色が見る見る変わっていくと、母親はパニックに陥ってしまいました。

「どうしちゃったの！」

母親は、赤ちゃんの服をゆるめながら、なぜこんなことになったのかと、私を見ました。そこには非難の色が浮かんでいました。

私は驚いて、泣き叫ぶ赤ちゃんをじっと見つめました。乳母車を押していただけなのに、何か間違ったのだろうか。原因はわかりませんでしたが、気がとがめました。

すると、突然〈ピーナッツが喉につまっている！〉とささやく声が聴こえたのです。と同時に私も同じことを叫びました。

母親が赤ちゃんの口に指を突っ込むと、噛まれていないピーナッツが出てきたのです。それは、少し前に母親が赤ちゃんにあげた、三粒のうちの一つでした。

問題は解決しました。とにもかくにも私の答えは合っていたのです。ところが、お隣りさんは怪訝《けげん》な顔をして、「でも、どうやって……」と言葉を詰まらせてしまいました。

せっかく問題が解決したというのに、お隣りさんは、

「いいわ、やっぱり私が押すわ」

と、私から乳母車のハンドルを奪ってしまいました。

こうした経験は幼児期のころから数多く味わってきました。親切のつもりで正直に言ったばかりに、大人たちから疑心暗鬼の目で見られたのです。

「でも、なんでこの子にわかるのかしら……」

といった大人たちの思いが伝わってきました。私を怖がる人もいて、「私は、どこにでもいる

普通の子どもではないのだろうか」と思うこともありました。

＊　＊

ともかくも赤ちゃん好きの私が母親役を買って出るので、隣り近所では喜ばれていましたが、でもいつもうまくいくとは限りませんでした。

少し成長したころ、近所で一番小さかったハゼル・ハドソンという赤ちゃんをよく連れ出し、乳母車を引いて遠くまで散歩に出かけました。まだ言葉のわからないハゼルに話しかけると、まるで話しがわかっているかのように、ハゼルはケラケラと笑いながら喜びました。

そんな時、ハゼルの兄のケニーと姉のジョイスが相次いで猩紅熱《しょうこうねつ》に感染し、隔離病院に入院してしまったのです。ハドソン夫人から、自分がどうしても行けないので、ハゼルを連れて代わりに見舞いに行ってほしいと頼まれました。

もちろん、私は快《こころよ》く引き受けました。

郊外にある病院までは、楽しい散歩です。

よく晴れた日でしたので、妹のエドナと、彼女の友人のペギーも一緒に行くことにしました。

ハゼルはいつものように行儀がよく、私たちは上機嫌。病院の玄関でハドソン夫人から預かったお菓子と漫画本を渡しました。もちろん、入室は禁止されていたので、見舞いは窓越しです。

窓の外で、私たちは手をふり、大きな声をかけました。

ハゼルと乳母車で出かけたお見舞いは、慈善で終わるはずでしたが、なんと私自身が、猩紅熱に感染してしまったのです。

発症したのは、お見舞いに行った次の週。頭痛がし、高熱を出し、週末にはついに、救急車で隔離病院へ送られてしまったのです。一緒に見舞った四人の中で、感染したのは私だけ。ほんの一週間前は窓越しに励ました自分が、今度は窓の中で、ジョイスとケニーを励ましたり、励まされることとなってしまいました。

でも私は、失敗したとか、大変だとか思いませんでした。というのも、子どもたちと一緒にいられることが嬉しかったからです。

＊　＊

やがて私は成人し、結婚することになるのですが、私はすぐに子どもをほしがりました。そしてその願いは叶い、赤ん坊を神さまから授かることができました。

でもその子は腸閉塞が原因で、わずか五ヶ月で逝《い》ってしまい、私は深い悲しみを味わうこととなったのです。

愛《いと》しい人である父や母、そして夫を失うことは悲しいことですが、我が子を失うことほど辛いものはない。なぜなら、子どもは自分自身の一部分であり、したがって子どもの死は、自分自身の死でもあるからです。

我が子を失った悲しみから、私は様々な教会を訪ね歩くようになり、さらにスピリチュアリストの集会にも顔を出すようになりました。そして、そうした集会で、ミーディアム（霊媒）から、こう告げられたのです。

「あなたの息子は実際には死んではおらず、あちら側で祖父に面倒をみてもらい、幸せにしています」

私はもっと詳しく我が子の様子を知りたいと思いましたが、その当時、社会はそうしたスピリチュアルなことに対してかなり冷めていました。私の母もスピリチュアリストらを認めておらず、常に用心するように言っていたし、彼らに関われば精神病院行きになると思っていました。

しかし、我が子を失って悲しみの縁《ふち》を彷徨《さまよ》っていた私を癒《いや》してくれたのは、唯一、彼らスピリチュアリストだったのです。

私は、スピリチュアリストたちがどういうものなのか、そして、その組織がどういうものなのかを必死で探し求めました。

ある意味で、それがすべての始まりだったかもしれません。

スピリチュアリストたちと接するうちに、私が生まれついてのミーディアムであるとわかり、これまでの様々な不思議な出来事を理解できるようになりました。それと同時に眠っていた能力が開花していったのです。

もし我が愛する息子ジョン・マイケルを亡くしていなければ、神からの贈り物であるそうしたスピリチュアルな能力を見いだすこともなかったでしょう。もう一度あの子をこの手に抱けるのならば、喜んでそうしたすべての力と交換することに躊躇はしませんが、あの子の短い人生が、有意義な形で実を結んだことに感謝しています。ジョン・マイケルをとおし、世界中の何百人、最終的には数千人を助けることができたのですから。

私は現在、幽霊屋敷、未解決殺人、大きなスタジアムでの講演、遺族たちとの個人的なシッティング（訳註：相談／霊視といった意味）と、様々なケースに取り組んでいます。中でも、子どもを亡くした母親たちとのシッティングがこれまでのところ、最も成功していると思います。これは、ジョン・マイケルを亡くした体験が、子どもと死別した母親たちの悲しみや苦しみ、悔しさといった思いを、より深く理解できるようになったからです。

マイケルを亡くしたあの悪夢の日を思い出します。

「これは何の報《むく》いなの。どこかで何か悪いことをしたに違いない」

と、私は自分自身を責めました。亡くなった原因が腸閉塞であろうとなかろうと、そのようなことは関係がなかった。ただただ、自分自身を責め立てました。

周囲の人々は、「時間がたてば心の傷は癒える」と言って慰めてくれましたが、そのようなことはありませんでした。月日がたつことで、逆に罪の意識が増し、悲しみは深まり、苦しみが氷の塊になって心の奥底にとどまったのです。自責の念は、私を追い込んでいきました。煙草は際限なく吸い、お酒は適量をはるかに越えました。癒されるどころか、何も良い方向にはいきませんでした。

毎朝、すべては悪夢だったと思い込みながら目覚めるのです。マイケルがベビーベッドで寝ている。さぁ、起こさなくては……と、そこですべてが現実に戻る。ベビーベッドにマイケルはいないのです。私は、寒さと虚しさをベビーベッドの中に見る。悪夢は本当だったと……。

私は当時、無意識のうちに死にたがっていました。でもそうした経験は、何年かあとになって、意味のある苦しみだったと気がついたのです。

今では相談者がドアから入ってきた瞬間、子どもを亡くした親かどうかわかります。子どもを亡くした共通の経験が霊的能力を強くしてくれているのでしょう。母親らが、コートを脱ぐ前に亡くなった子どもらに会うこともたびたびあります。

デニスという若い女性と会った時には、このような感覚が強く現れました。彼女が子どもを亡くしたことはわかっていましたが、ほかの何かが私を戸惑わせました。この感覚は、シッティングの前にお茶を沸かしに台所へ行っているあいだも続いたのです。

リビングへ戻ると、腕の中に赤ん坊を抱いている感覚があり、その意味もわかりました。デニスは私と同じように男の子を五ヶ月で亡くしており、さらにマイケルの時もそうだったのですが、彼女もとくに敏感で、何週間も前から息子の死を予感していました。

デニスは再婚をし、新しい夫の三人の連れ子を自身の連れ子の娘と同様に育てていました。シッティングのあと、デニスは赤ん坊が亡くなる前に何があったかを説明してくれました。

「ネーサン（五ヶ月で亡くなった彼女の子どもの名前）が生まれる二、三週間前に最初の夫であるレンが突然亡くなりました。離婚はしていましたが、好意をもっていたので、とてもショックでした。しかし、お腹の子どもが心配だったので、レンの突然の死のショックを忘れていました。やがて生まれてきたネーサンは、五体満足な男の子でしたが、千五百グラムの未熟児でした。困難からの始まりでしたが、あの子はがんばっているようでした。家に連れて帰ると落ち着き、他の子どもらは、あの子のとりこになっていました。

数日後、暖炉の横に座っていると、突然私の頭の中に、ある想いがどこからかやってきて、こう言いました。

〈レンはネーサンの世話をするために逝ったのだよ〉と。前夫のレンの死と、生まれてきたばかりのネーサンにそうした関係があることなど思いもよらず、とても馬鹿げた内容でした。でもなぜだか、そのことが間違っていないと、瞬時にわかりました。

私はレンのほかにもネーサンまで失うことになってしまうのかと思うと突然泣き出してしまいました。すぐにネーサンを確かめにいきました。

ベビーベッドで寝ている我が子の姿を見たあと、妹に電話をし、『ネーサンが死んでしまうわ』とすすり泣きました」

デニスの妹は、デニスが早産の疲労と心配で悩んでいると思っていたので、デニスを落ち着かせるために、ネーサンがいかに健康なのかを話し聞かせたそうです。

「何週間たってもネーサンは元気でしたが、死の想いは私の心からなかなか抜けませんでした。最後には、想像をしているだけだと思い込みました」

ネーサンはとてもよい子でした。泣くことも少なく、いつもニコニコと笑顔を振りまき、誰にでも抱っこされました。普通の子以上によく眠り、自分からは滅多に起きず、ほとんど毎朝、デニスが食事のために起こしていたといいます。

まわりからは、手のかからない赤ちゃんを授かって運がいいと言われ、四人の子どもらの世話もあったので、その奇妙な予感は徐々に忘れてしまいました。気にしなくなったと言ったほうがいいかもしれません。そのかわりデニスは、何ヶ月も奇妙な夢を見続けたのです。

「ふだんの私の夢には色がついているのですが、その夢は古い写真のように白黒でした。笑いながら立ち話をしているグループがいて、とても素敵な一時《ひととき》を過ごしている光景でした。でも、見ると全員が亡くなった人たちだとわかりました。みんな昔の知人でした。見ているうちに、彼らがそのパーティに参加させようと私を引っ張るような、強い感触を受けました。『行けないわ』と叫び、目が覚めました。

そのころ、私は通販カタログを見て黒のスーツを買うことにしました。黒の服は似合わないのでこれまで決して身につけず、一枚も持っておりませんでした。それでも、なぜだかわかりませんが、そのひどく似合わないスーツを高いお金を出して買う必要があると信じていました。もちろん、妹には理解してもらえませんでした。『何のためにほしいの』と妹は尋ねました。それから、何でこんなことを言ったかわかりませんが『急なお葬式には便利だから』と答えました」

黒い服を買った三ヶ月後のことです。

デニスはシュロベリーへ買い物に行った帰りに、突然胸騒ぎがし、運転している車をあわててとめました。隣りにはネーサンが寝ていました。

「とても嫌な予感だったのです。あの死の夢の感覚が戻ってきたのです。死がすぐそこに来ていました。それはとても異常な感覚で、ヒステリーと言われるようなものだったかもしれませんが、まぎれもなく死が近づいていたのです。ネーサンに目を向けると、何事もなく眠っていたので、この死の感覚は、自分の死なのかと思いました。

私を襲ってきた死の予感は、とても鋭いものでした。

死は間違いなく近くにいる。そう思うと泣き崩れてしまいました。

『ああ、私でないように。育てている子どもたちがいるのです』

その祈りが通じたかはわかりませんが、その奇妙な感覚は消え失せ、また普通に戻りました。

何が起こったのか不思議に思い、震えながら少しのあいだ座っていました。それから、子どもたちが学校から帰って来るのを思い出し、自宅へ帰りました。

ネーサンは元気そうで、まったく異常は感じられず、あの心配は私のことだと思いました。その夜、いつもどおりベッドに寝かすと、あの子は本当に幸せそうでした。

ところが……

翌朝、起こしに行くと、あの子は亡くなっていたのです」

医者は、乳児の突然死だろうと診断したそうです。突然死は、月満ちて生まれた子どもたちよりも未熟児に現れやすく、ネーサンが異常なくらい眠っていたのが、多分その兆候だったのだろうと、医者は言いました。

でもそれはデニスにとって何の慰めにもなりませんでした。彼女は何ヶ月も塞ぎ込み、子育ても何もかも上の空になってしまったのです。そんな絶望の中にいる時、私に相談の手紙を送ってくれたのです。

彼女との最初のシッティングでは、私は彼女が子どもを亡くしたこと以外何も知りませんでした。手紙には詳しいことが書いてなかったからです。


さて、話を彼女との最初のシッティングの場面に戻すことにしよう。

シッティングの前に私はお茶を沸かし、シッティングルームに戻った時、私の腕の中に赤ん坊がいるのを感じ、見下ろすと巻き毛のかわいい子がいました。その子は生後五ヶ月半から六ヶ月で、ケラケラと笑っていました。見とれていると、ある声がしたのです。

〈デニスと前夫とのあいだに生まれた二番目の子どもが、いま、こちらの世界で目覚めた〉

デニスにそのことを話すと、「それは本当です」と言いました。

すると今度は、ウエールズ訛《なま》りの男性の大きな声が、私の頭の中に割り込んできました。

〈私は、デニスの前の夫です。心臓発作で突然亡くなったのです。今も、私は彼女を愛しています。だから、ぼくたちの愛のために彼女の息子を連れていき、自分のものにしたんです。もう一緒に住むことはできませんが、まだ彼女を愛しています〉

私は彼の名を「ケン」と聴いたのですが、デニスは「ケンではなくレンです」と訂正しました。レンは離婚したことを後悔していて、デニスに自分の気持ちが伝わらなかったことをとても気にして、その気持ちをわかってほしいと、強く願っていると言いました。

〈離別はぼくの意思ではなかったのです。彼女のために人生を捧げたかったが、結果として意思の疎通ができませんでした。彼女はいつもぼくの手の届かないところにいるようでした。彼女の望みは何でも賛成しましたが、多分それが間違っていたんでしょう。もっと努力すべきでした。彼女を離さなければよかった〉

彼はまた、ほかの子どもたちを心配していました。というのは、今のデニスにはネーサンしか見えず、子育てに愛情を注ぐことができない状況にあったからです。食事や洗濯といった家事はこなしていたのですが、それは機械的でした。

〈家に帰って、エマ・ルイーズを抱きしめ、ほかの三人も同じように抱きしめるように彼女に伝えてください〉

しかし、そのメッセージをデニスに伝えると、泣き始めてしまったのです。

「できないわ。できないわ。私の愛はネーサンのもとに行ってしまったんです」

そう言って、彼女はなかなか泣きやみませんでした。

母親が、幼くして亡くなった子どもを思う余り、目の前の子育てがおろそかになってしまうケースはよくあります。しかし、母親の愛情を受けるべきほかの子どもたちにとっては、非常に悲しいことです。少し前まで愛くるしく笑っていた弟や妹が、不思議なことにどこかに行ったまま帰ってこないし、お母さんは二度と笑わない……。そして、お母さんはちっとも自分たちのことをかまってくれない。お話もしてくれない。なぜなんだろう。もしかしたら、その原因は自分にあるのかもしれない……。お母さんを悲しませているのは、自分の責任かも。子どもたちはそう感じるものです。

私は、悲しみに打ちひしがれるデニスに言いました。

「デニス、やってみなさい」と。

そして、こう付け加えました。

「ほかの子どもたちに公平でないわ。子どもたち、とくにエマ・ルイーズに対してもっと気をつかいなさい。エマは小さな弟が大好きで、あの子がいなくなり、とても寂しい思いをしているわ」

デニスは涙を拭き、できるか断言はできないが、努力してみると約束してくれました。

シッティングはなおも続き、今度はヘティーと名乗る彼女の母親が現れました。

〈リリアン〉

ヘティーは、デニスをそう呼びました。

「それは私の本名です」

デニスは微笑みながら認め、

「でも、それが嫌いだったので、みんな私をデニスと呼ぶのです」と言いました。

デニスの話がまだ終わらないうちに、懐中電灯の光線のようなものが突然現れ、デニスの肩の近くで踊り始めました。誰かがメッセージを伝えにきたことがわかりました。それは男性で、ガンで亡くなってから三年ほどあちらの世界にいて、マーガレットと関係があると言いました。そのことをデニスに伝えると、彼女は即座に返事をしました。

「マーガレットは私の友人です。そのメッセージを伝えにきたのは、きっと彼女のご主人のビルだわ。彼は三年前にガンで亡くなりましたから」

でもデニスは、生前のビルをあまり知らなかったので、なぜ自分のシッティングに現れたのか、困った表情をしました。

後《のち》に彼女がマーガレットに会ってこの一件を伝えると、マーガレットはそのリーディングの日がちょうどビルの命日だったと言ったのです。つまり、ビルはその特別な日に、マーガレットの友人であるデニスの霊的な通信回線が開いているのを見つけ、デニスをとおして妻のマーガレットにメッセージを伝えたのだと思います。

＊　＊

悲しみは夫婦の絆を強くすると言いますが、必ずしもそうとは限りません。時に、夫婦は悲しみのために互いに孤独となり、お互いに感情を表さなくなります。時間はお互いの壁を高くするのみです。

デニスの訪問のあと、別の若い母親が訪ねてきて、このことを痛感しました。テレサという名の、黒い縮れ髪をしたかわいい女性で、目は希望で満ちあふれていました。外見的に彼女は明るく振る舞っていましたが、心は悲しみに満ちていることが、シッティングが始まるとすぐにわかりました。

彼女は息子を亡くしすでに九年がたっていましたが、その間、夫とは一度も息子の話しをしたことがないというのです。息子の写真さえ見ることはなく、まるでその子が存在しなかったように振る舞っていたのです。

シッティングがさらに進むと、二つの若い声が沸き上がってきました。一つは少年の声で、もう一つは少女、もしくは変声期前の少年の声でした。くすくす笑いながらしゃべりまくるので、何を言っているのかさっぱりわかりませんでした。

「今、二人の声が聴こえています。二人の子どもを亡くしたのですか」

「はい、でも一人は私の子ではありません。一人は姉の子どもです」

やがて二人とも男の子だとわかりました。二人の子は家族のことが好きだと言いました。そして、どうして亡くなったのか、その子たちに尋ねると、子どもたちは興奮してその状況を語り始めました。一人は病死で、もう一人は事故死だと言いました。

その話の最中のことでした。突然、私の首のうしろに激痛が走ったのです。

「テレサ、この痛みがどちらの子のかはわからないけど、首のうしろがとても痛むのよ」

私がそう言うと、テレサがすぐに答えました。

「それは、私の息子のゲイリーです。事故死したのです」

私の首の激痛がおさまると、再び男の子の声が聴こえてきました。

〈ぼくは落下している。それから、首に痛みが走ったんだ。あとはわからない……〉

そのことをテレサに伝えると、彼女は大きくうなずきました。

「あの子は、高いところから落ち、首の骨を折ってしまったのです」

彼女がその話をしていると、突然、ゲイリーの姿が鮮明になりました。テレサは濃い黒髪でしたが、ゲイリーは明るいブロンドで、青い目をしていました。ゲイリーはまるで甘えん坊のようにテレサの首に抱きつきました。

〈ママは事故のあと、ぼくの顔を見ることができたんだ。だって、顔には傷一つなかったんだ。それからね、ぼくはパパをとっても誇りに思っているんだよ。でもね、パパはぼくのことを話すのは辛いみたいだ。パパとママは長いあいだ話しをしないんだ〉

私は、テレサにそのメッセージを伝えるべきかどうかためらい、あらためてゲイリーに尋ねました。

「ゲイリー、このことをママに話す必要があるのかしら」

すると、彼は、〈伝えてほしい〉と言いました。

「テレサ、彼の言っている意味がわかりますか。あなた方が、息子である自分について話さないと、彼は言っているのかしら」

するとテレサはあっさりとそれを認め、

「私たちはいまだに、あの子について話をしません」

と言いました。ようやく私には、ことの真相が見えてきました。

ゲイリーの事故死以来、テレサと夫は、息子の名前に触れず、彼のことを話題にもせず、写真も見ない。むろん、写真を飾ることもありませんでした。見知らぬ人には、ケビンのほかに息子がいたことはわからないでしょう。私の知っている限りで、最も悲しい家族の一つと思えました。

私はテレサに、穏やかに説明しました。

「あなた方はゲイリーを傷つけています。彼は、今でもあなた方の息子なんですよ。彼はいまだに家に帰り、自身を家族の一員と思っています。でも、あなた方が彼を締め出しているのです。幼い子があちらの世界へ行くと、親族らが両親の家に連れてきます。その時に両親が、その子をもう必要としなければ、子どもたちはとても傷つきます。

あなたたちは、それぞれに深い悲しみを抱いているのに、お互いの肩で泣き合うことをしていません。しかし、悲しみを分かち合えば楽になるわ」

すると、テレサは泣き出し、こう言いました。

「でも、あの子のことを話すのはとても辛いのです」

「わかるわ。でも、それでは、ゲイリーをも傷つけていることになるのよ。彼に悲しい思いをさせたくないでしょう。さあ、トニーが何と言おうと、ゲイリーの写真を出して。それが手助けとなるわ。私の息子のマイケルは生きていたら今年で三十八才よ。でも毎晩ベッドに入る前に『お休み、神のご加護を』と言い、朝、寝室から出ると一番初めに彼の写真に『おはよう、かわいい息子。お友だちは元気』と言うわ。もちろんいまだに寂しいのよ。『あの時、こうしていたら』と思う時もあるわ。でも私にはあの子が元気で、またいつの日にか会えることがわかっているので、人生を楽しむことができるのよ」

私は、テレサを元気づけるためだけに言っているのではありませんでした。正直言って、今でも気がめいり、『もし、あの時』と思うことがあるのです。でもそんな時いつも、大きな慈愛が流れ出てきて、会えはしませんがマイケルがそばにいて安心させてくれるのです。

このアドバイスを、テレサがどれほど受け入れてくれたかは確信できませんでしたが、試みることがとても大事だと感じていたようです。私は、ゲイリーがこの九年間、行ったり来たりしているのに、両親が彼を受け入れていないことが、耐えられませんでした。

私は、テレサが明らかに前向きになったことがとてもうれしかった。そのシッティングのあと、すぐに彼女から手紙がきました。

「あなたにお目にかかり、帰宅し……」

と書いてあり、

「九年間で初めて、トニーと私は共に座り、ゲイリーの思い出を語り、彼の写真を取り出しました」

とありました。

Chapter 2／悲劇的な死を遂げた娘からの伝言

私は見ず知らずの家にいます。その家は明るく、洒落《しゃれ》た家具と出窓があり、反対側には素敵な庭が見えます。気になったのは、暖炉の脇でした。というのも、暖炉の脇の壁に大きな絵が飾ってあったからです。

絵の主人公は、茶色の髪が肩まで伸び、大きくて吸い込まれそうな魅力的な目をした若い女性です。その神秘的な瞳は私を釘付けにしました。ただの絵なのに、部屋のどこにいても、その瞳に見つめられているようでした。そして、とても不思議なことですが、振り向くと表情が変わっているのです。すばやく振り向けば、もしかしたら表情が変わるその瞬間を目にできるかもしれません。

〈私よ。ドリス。どうだった〉

と耳元で声がします。

肖像画に描かれた女性、ゲイル・キンチンの声です。

この暖炉と絵画のある部屋は、ゲイルの両親が住む家の居間。

肖像画は、彼女の悲劇的な死のあとに描かれたものでした。

ゲイルの母親のジョシーも、この絵画のゲイルの目が動くことを知っていました。

ゲイルが、再び私の耳元でささやきました。

〈目が動くのは本当よ。ママは目に追い回されると言うけど、それも事実よ〉

母親のジョシーは、絵画のほかにも不思議なことを経験していました。

ある晩のことです。

花瓶に花がさしてあり、その近くにゲイルの写真が置かれていました。何気なくゲイルの写真を花瓶から遠ざけたところ、見る見る花がしおれていったのです。ジョシーはとても驚きました。

「私はあわてて、写真を戻しました。すると、二、三分で花が元のように元気になったのです」

ジョシーは興奮気味にその時のことを語りましたが、なぜそうなったのかはわかりませんでしたが、私にはその意味がわかりました。ゲイルは家族に対しまだ心残りがあって、みんなに彼女が遠くへ行っていないことを知ってもらいたかったのです。彼女は、何回か実際に姿を現したこともあったと言いました。

そのことをジョシーに伝えると、悲しそうな顔になって、「ゲイルの姿を見たことはありません」と言いました。

「会いたいと思いますが、お葬式の前日にあの子の友だちが、『ゲイルが私のとこへきたんです』と話してくれました。『どういうことなの』と私が問うと、『ゲイルは、涙をたくさん流し泣いていました。ゲイルが言うには、みんなは自分のことは思い出してくれても、誰も赤ん坊のことを思い出してくれないからです』とその友人は言いました。

また、ある晩は祖母がゲイルに会いました。ゲイルはその時『うちの犬を飼っている、この女性は誰かしら。自覚が足らなくて、つなぎっぱなしだわ。きちんと世話をするように言ってください』と言ったそうです」

ゲイルの話の内容を理解するためには、少々説明が必要になります。ゲイルがなぜ、どのような死に方をしたのかを、説明します。

ゲイルはとても悲劇的な亡くなり方をしています。事件が大きかったのでおおよそのことは多くの人が知っていました。でも、真相は知りませんでした。ゲイルがなぜ母親との通信を熱望したのか、その理由がわかったのは、ジョシーが事件の真相を話してくれたからです。

事件のあらましを、お話しましょう。

＊　＊

「ゲイルはとてもお転婆でした」とジョシーは言います。

「ゲイルには友だちがたくさんいました。家族の仲も良好でした。継父のジムと私の三人で夕方外出するのが好きでした。ゲイルは根っからの子ども好きで、何度となく友人とベビーシッターをしていました。しばらくすると、家の向いに住んでいたお気に入りの男の子のいるカップルの家でベビーシッターを始めたのです」

ベビーシッターのアルバイトが四、五週間続いたころ、そのカップルが結婚していないことを知ったジョシーは不安になりました。カップルの男の名はデビット・パゲット。継父のジムは、デビットを毛嫌いし、ジョシーも同じように感じ始めました。というのも……。

「彼は、とても口が上手く、初めは彼の話を信じましたが、しばらくすると、すべてが作り話だとわかったのです。信用が置けない人だったのです。そんな人は放っておけばいいのですが、放っておけない問題がありました。それは、ゲイルのことでした。彼女はまだ十六才と若く、純粋で信じやすく、影響を受けやすかったからです。ゲイルにとって不幸だったのは、それまで男性と付き合ったことがなく、免疫がなかったことです。ゲイルの目には、パゲットがことのほか素晴しく映ってしまったのです」

二人が密かに付き合っていることをジョシーが知った時は、すでに手遅れでした。ゲイルはすでに恋に落ちていたのです。

「彼は二倍も年上で、洒落《しゃれ》たレストランに連れ出したり、服を買え与えたりして、ゲイルを夢中にさせました。しかし同時に、彼女の腕に奇妙なあざが現れ始めました。もちろん、嫌な予感がしたので、ゲイルを問いただすと口論になってしまい、お互いが感情的になってしまったのです。大喧嘩の末に、私は『会うのをやめないのなら、荷物をまとめて出て行きなさい』と決して口にしてはならないことを言ってしまいました。あの子が出て行くとは夢にも思いませんでしたが、本当に出て行ってしまいました」

パゲットの内縁の妻は二人の関係を知ると、愛想をつかし子どもを残して出て行ってしまったのです。

「パゲットは残された息子の面倒をゲイルに見てもらおうとしました。二人のことが大好きだったゲイルは二つ返事で了承してしまったのです。私にはとめることができず、警察や、社会福祉事業所へ相談に行きましたが、現状では何もできないと言われました。ゲイルは同意書を必要としない年齢だったので、自身が望まない限り、家に帰る必要はなかったのです」

でも、二人のよい関係は数週間と続きませんでした。それは、パゲットの日常的な暴力が原因でした。

「家に戻るように説得をしたのですが、聞き入れてくれませんでした。ある日、私が外出していると、反対車線に車がとまり、ゲイルが泣きながら、アザだらけで出てきました。

『家に帰ってきたらどう。どうして彼に縛られているの?』と尋ねると、ゲイルはこう言いました。

『お母さんは、あの人の本当の姿を知らないのよ』と。

その夜、ゲイルは友人のマリーに『もし、家に帰ったらお母さんを殺す』とパゲットに脅迫されていると打ち明けたらしいのです。だから、逃げたら私が殺されると信じていたのです。そして、ゲイルはついに妊娠してしまったのです。私にとっては初孫でした。でも、私はゲイルのことがますます心配になりました。というのも、パゲットはゲイルのアザを他人に悟られないように、出産教室にも行かせなかったからです。

そんなある日のことです。パゲットの妹がやってきてこう言うのです。

『ゲイルを連れ戻してください。さもないと兄は彼女を殺してしまいます』

驚いた私はすぐにゲイルに電話して、

『ゲイル、このままでは、赤ん坊に障害が残るわ』と説得をしたのですが、あの子は少しも動こうとしませんでした。

それから数日たって、『もう耐えられない』とあの子から電話がありました。ようやく決心をしてくれたようです。私は『よかった。今すぐ迎えに行くわ』と答えると、『でも、今は出て行けないわ。子守りをしているの』とあの子が言ったのです。その子どもとは、パゲットと前妻の間の子、テイミーです。私は、『テイミーは大丈夫よ。寝ているんでしょ。コートを着ているところだから、すぐに駆けつけるわ』と言いました。

大急ぎでパゲットのアパートに向け車を走らせると、ゲイルは震えながらドアを開け、あわてて車に乗り込みました。行きよりもさらに飛ばしました。

我が家に戻ってもゲイルの震えはとまらず、とりあえずはお風呂にいれることにしました。服を脱いだ彼女の体は見るも無惨なほど青アザだらけでした。私は強いショックを受けました。これほどまでにひどいとは……」

ジョシーは、ともかくも暴力的なパゲットから娘を救い出すことができたので、最悪のケースだけは免《まぬが》れたとその時は思いました。でも、問題は解決していなかったのです。母親のジョシーが話を続けました。

「パゲットは出ていかれたことを知ると激怒し、それから毎晩電話をかけてきました。私たち夫婦は娘のゲイルを電話口には出さず、夫のジムは彼に家に近づかないように、さもなければ首をへし折ると言いました。ゲイルはパゲットの暴力から逃れることができたせいでしょうか、落ちつきをとり戻し、生まれてくる赤ん坊のためにベッドや、お風呂、乳母車などを買いそろえるために外出したりしていました。

でも、いつも私たち夫婦が家にいるわけではありません。私たちが留守のとき、パゲットは電話をかけるようになったのです。私たちが帰宅すると、ゲイルが泣いていることが多くなりました。

お腹の赤ん坊のためにも良くないと思い、私は病院に相談したのですが、事情のわからない病院は、『妥協して、実家には住まわせたままで、彼には面会をさせたらどうですか』などと言いました。そうさせたら破滅することが目に見えています。でも、お腹の大きな娘を家に閉じこめた状態にはしたくなかったので、友だちと出かけるように奨め、あの子はそれを楽しんでいるようでした。

そして、六月のある晩のことです。

その晩、ゲイルは友だちの家に泊まることになっていて、我が家にはいませんでした。

夜中の十二時少し前です。私は居間にいて、ジムがお湯を沸かしに台所へ向かった時、玄関のベルが鳴りました。ジムが応対に出ました。こんな時間に誰が来たのか、不信に思っていると、大きな衝撃音がしてジムが血相を変えて居間に走り込んできました。そして、私をつかむと庭に引き出そうとしたのです。

『早くしろ。やつは銃を持っているぞ！』

とジムが叫びました。けれども庭に出ると、パゲットはもう真うしろにいて、二連式ショットガンでジムに狙いを定めていましたが、どういうわけかパゲットは上に向かって発砲しました。大きな鋭い音がして、弾はゲイルの寝室の窓を貫通しました。二発目はジムを狙いましたが、ジムはそれを見ると即座に高さ一メートルほどの庭の柵を飛び越えました。二発目の銃声と同時に、ジムは柵の向こうに姿を消しました。

沈黙が続きました。彼は撃たれたようで、パゲットもそう思ったようでした。ジムは隣りの家の庭に横たわり、死んでいたのでしょうか。見つけに行くことはできませんでした。というのは、私の頭からは血が流れだし、パゲットに髪をつかまれ、彼の車まで引きずられたからです。

『やったぜ。この野郎。どこに娘を隠していやがる』

とパゲットは叫びました。

でも、私は答えませんでした。答えたくても、口の中はカラカラで話せなかったのです。しかし、答えないと撃つと脅され続け、ジムを撃ち殺していると思っていた私は自分も撃たれると思い、泊まりに行った家とは違う別のゲイルの友人の住所を教えました。

彼がアパートへ向かっているあいだに警察に通報できると思ったのですが、駄目でした。私を車に押し込み一緒に連れて行ったのです。『アパートを間違えないためだ』と怒鳴りました。言うまでもなく、応対に出た女の子は彼に事実を話しました。それしか選択肢がなかったのです。私は再度強く殴られましたが、女の子がゲイルに電話をしてくれると思っていたので、気にも留めませんでした。

女の子はパゲットが立ち去ったあと、すぐにゲイルにこの状況を電話し、一刻も早く、逃げて隠れるように言いましたが、ゲイルはかえってパニックになりました。

『ママを捕まえているのよ。ママを捕まえているのよ。ママは殺されるわ』と叫び続けて、逃げ隠れすることを拒否したのです。

一方パゲットは、ものすごいスピードで車を走らせ、ゲイルが身を隠しているアパートに向かいました。

アパートに着くと、パゲットは水平に銃を構え『ここを出ろ』とゲイルに命じましたが、あの子は頭から出血している私を見つけ、『ママに何をしたの』と、パゲットに食ってかかったのです。すると、パゲットはゲイルを殴りつけました。さらに、私が助けに入らないように銃で肋骨を殴り、妊娠六ヶ月のあの子を階段から放り投げたのです。

そのあと私とゲイルの二人を車に押し込みました。ゲイルのお腹はすでに大きくなっていました。車の中は狭く、二人が座れるスペースがなく、ゲイルは私の膝の上に座りました。

パゲットは運転席に飛び乗ると、今度は彼のアパートへ向かいました。

片手でハンドルを握り、片手でゲイルを殴りつづけました。もし、ハンドルを奪えば、ゲイルがフロントガラスに突っ込むと思い、あの子を守りたくても守れませんでした。

その時、振り返ると遠くにパトカーが見えました。偶然か、捜索かはわかりませんが、パゲットも見てしまい、慌てて車をとめ『おまえが運転をしろ』と言いました。警察が男の運転の車を探していると思ったのか、警官が近づいたら発砲するために両手を空けようとしたのかもしれません。いずれにしても、今が脱出のチャンスだと思いました。

私は運転を代わるふりをしてドアを開けると同時に、ゲイルを思い切り押し出しました。あの子は通りに出て、助けを求めました。そして、

『銃を持っているわ。殺される！』と叫びました。

パゲットが驚き、一瞬スキができたので、私は彼の髪の毛をつかみ、力まかせにフロントガラスにぶつけました。でも、彼は平気でした。体勢を立て直した彼は激怒しながら私を運転席から放り投げると、私に向かって銃を構えました。

頭から二、三センチに銃口を突きつけ、引き金に指をかけました。私は最期の時がきたと確信しました。

その時、ゲイルが叫んだのです。

『やめて、撃たないで。何でも言うことを聞くから、お願い、撃たないで』

パゲットはためらいながらも銃を下げました。そして、あの子を車に押し込むと、エンジンをかけ、私を置き去りにして、走り去りました。

アパートにあの子を連れていって何をするのか、考えただけで恐ろしく、半狂乱になりました。私はたまたま通りかかったバイクの少年をとめると、『あの車を追って！』と、叫び、バイクのうしろにまたがりました。それは映画の一シーンのようでした。少年は迷惑そうでしたが、車を追ってくれました。

パゲットの行き先はわかっていたので、深追いすることはせず、警察署で事情を説明しました。そのあと、私はパトカーでパゲットのアパートへ向かいました。

私がアパートへ着いた時にはすでに警察がアパートを包囲していました。さらに不測の事態も想定して、救急車も待機していました。

私が頭から血を流しているのを見た救急隊員が『救急車に乗ったほうがいいですよ』と言ってくれましたが、私はそれどころではありませんでした。救急隊員は私がパニックにならないようにと、無理に救急車に乗せました。

恐怖と苛立ちの中で二時間が過ぎました。

爪を噛みながら私がじっと待っていると、救急車の運転手が『射撃の名手が到着しました』と知らせてくれました。

私はその言葉を聞いてぞっとしました。

『撃たないから大丈夫ですよ』と運転手は言いました。でも、その言葉が終わらないうちに、銃の発射音がしたのです。

救急車のドアが開き、私が飛び出すと、ちょうどゲイルがアパートから担架で運ばれてきました。

『銃をかして。あいつを殺すわ』

と私は叫びながらゲイルに駆け寄りました。でも、瀕死のあの子の手を握ると、そばを離れることはできませんでした。私は泣いていました。

病院で赤ん坊は亡くなり、ゲイルも助かる見込みはなく、夫のジムは命に別状ないものの足の切断が必要でした。

パゲットは太ももに負傷しただけで助かり、ゲイルは一ヶ月後に亡くなりました。

パゲットに下されたのは、懲役十二年の刑でした。

＊　＊

これが事件のあらましです。

ジョシーが恐怖の体験を話し終えると、部屋の中は水を打ったように静まりかえりました。

彼女がこの二年間をどう乗り切ったのか想像がつきませんでした。

でも、シッティングの前に背後関係を知ることは、通信に役立ちました。そして、ゲイルが口にしていた、〈奴、奴のことなど考えたくもないわ〉との意味がようやくわかったのです。

ゲイルが母親との交信を強く願ったのは、「自分は、無事だ」ということを知らせて母親を安心させたかったからです。

〈ドリス、私は本当に馬鹿だったの。ママは許してくれるかしら。私は頑固で、一方的に言われると、あまのじゃくになってしまうの。あれは、本当に失敗だったわ。ママは私の行動が間違いだとわかっていたので、必死で連れ戻そうとしたのに、聞く耳を持たなかったの。命がけで行動してくれたのに……。彼のもとには自由がないことがあとからわかったの。ママは、赤ん坊のことも怒らずに喜んでくれ、赤ちゃんに必要な物もそろえてくれたの。ベビーベッドも買ってくれたの……〉

ゲイルは、そのあと何人かの名前をあげました。とくに同僚だったバーバラに〈忘れないでほしい〉と、私に伝言を託しました。

そして、ため息をつくと、彼女のエネルギーは揺れはじめました。

〈ドリス、これってすごく大変な仕事ね〉

「そうなのよ」と私は笑いながら答えました。

こちら側の世界との交信を初めて試すあちら側の魂にとっては、生きているときの日常会話のように、スラスラとはいきません。

〈本当は家に帰りたかったの。なのに彼は帰してくれなかったの。嫌な奴で、私だけが本当の姿を知っていたの。ただ、あの晩は赤ちゃんと二人で家に帰りたかった。それだけなの。でも、なんでこちら側にはすぐに来れなかったのかしら。私が助かると思っていたみんなの姿を見ていたのが本当に辛かったの。何で赤ちゃんと一緒にこちらに来れなかったのかしら。あの子が先に逝き、私は一ヶ月近くも残っていたのよ〉

ジョシーは、ゲイルの話を聞くとうなずきました。

ゲイルは、〈ママは、私の指輪を持っているのよ〉と言いました。

見ると、ジョシーは両手に数個の指輪をしていたので、そのうちのどれがゲイルのものかわかりませんでした。すると、耳元で、ゲイルが言いました。

〈違うわ、どれも私の物でないわ〉

「え、じゃぁ、どこにあるの？」

〈ママはそれを着けていないわ〉

私は、ジョシーに指輪のことを尋ねると、

「それはパゲットがゲイルに渡した安い小さな婚約指輪じゃないかしら」と言うのです。しかも、ここに来る途中ゴミ箱に捨てようと思ったものの、もしかしたら、娘との交信に役立つのではと思い、バッグにしまっておいたということでした。

ゲイルは、母親の仕事場や、同僚の病気について語ったあとに、

〈私の代わりにエリックを抱きしめて。懐かしいわ。みんなのことが懐かしいわ〉

と言ったのです。もちろん私はエリックが誰であるのか知りません。そのままをジョシーに伝

えると、

「義父のことです。あの子だけが、夫をエリックと呼んでいたのです」

とジョシーは説明してくれました。

ゲイルはそのほかにも、バイクについて話していたのですが、よく聴き取れませんでした。パゲットの車を追うために、バイクをとめた状況をジョシーが語った直後から聴こえていたので、おそらくその夜のことを、彼女なりに伝えたかったのかもしれません。

彼女は、いまも家を訪ねたり、家族を思っていることを、何とかして母親に伝えたがっていて私に、壁に掛かっている絵や、生まれたばかりの赤ん坊や、小さい甥のアダムの誕生日について語ってくれました。でも、はっきりと聴き取れなかったのです。母親の住んでいる家の通りの名前がなかなか聴き取れず、戸惑っていると、

〈しっかりして、ドリス。木を思い出して〉

と、ゲイルが耳元でイライラした口調で言います。

「オーク、それともエルクかしら?」

木を思い出せと言うので、そのように答えると、彼女は笑いながら首を振りました。違っていたようです。のちに、それは「ウッド……ブラウンウッド」だと判明しましたが……。

それからもう一つ、ゲイルはとても重要なことを言いました。それはジョシーが自分の棺《ひつぎ》に入れたものについてでした。

でもジョシーは、ゲイルからのメッセージに首を振るばかりでした。というのも、ジョシーは棺の中には何も入れていないと言うのです。

「お花か何かじゃないの」と、私が言っても、それはないとジョシーは言います。結局その場では、結論は出ませんでした。どちらかが思い違いをしているかもしれません。

ところが、その答えは、二、三週間後に判明しました。

ゲイルが死の淵にいる時に交わした約束を、ジョシーが思い出したからです。

「あの子は意識不明で、体中に管が繋《つな》がっていました。医者から、もうながくないと言われ、私はベッドに横たわっているあの子に腕をまわし、こう言ったのです。

『赤ん坊は、あなたといつも一緒よ』と。

そして実際に、あの子が亡くなると、棺の中に赤ん坊の亡骸も一緒にいれました」

＊　＊

亡くなって二年たっていましたが、ゲイルはいまだに母親のことを心配していることがよくわかりました。

〈夜になるとママに会いに行くのよ。そして、ベッドに座るの。ママは眠れないのよ。目を閉じるとあの悪夢が映画のように目に浮かぶから……〉

と私にささやきました。

このメッセージを伝えるとジョシーは、とても驚きました。

「そうなんです。寝ようとすると楽しいことは何も思い出せず、あの夜のことが、何度も何度も繰り返され、まるで映画のシーンを見ているように鮮明に現れるのです」

ゲイルの声が弱まってきました。

最後に黒髪を揺らした顔を母親の背後に現し、こう言いました。

〈ママにダニエルと一緒だから、と言ってね〉

すると、消えかかる最後のきらめきの中に、赤褐色の髪のかわいい幼子が一瞬現れたのです。

「ジョシー。ゲイルはね、〈ダニエルと一緒だから〉と言ったわ」

そう伝えると、ジョシーはいきなり泣き崩れてしまいました。

「ドリス、それこそが私の待ち望んでいたものです。赤ん坊が男の子だったら、ダニエルと名付けることを知っていたのは、ゲイルと私だけなんです」

もちろん、赤ん坊は男の子だった。地上では生まれることはできなかったとしても、スピリットワールドで母親と共に成長し、二才の幼子になっていたのです。ゲイルは生前の約束を守り、ダニエルと名付けたのでした。

Chapter 3／見えない友だち

私の人生は、いつも子どもたちに囲まれています。地上の子どもたちとスピリットの子どもたちと、どちらも大きな違いはありません。スピリットの子どもたちに対して唯一寂しく感じることは、彼らを視ることはできるが、抱きしめたり、お菓子であやしたりできないことです。それ以外は地上の子どもたちとなんら変わりがないのです。

数年前のことになりますが、一、二組の親たちがシッティングのあと、子どもたちの写真を置いていきました。

「この子を、あなたとジョン・マイケルのそばにいさせてください」

と言うので、息子の唯一の写真の隣りに置きました。その後、他の親御さんたちも写真に気づき、写真はどんどん増えていきました。現在は特注のコルクボードが写真で埋めつくされてしまったので、もう一枚必要になっているほどです。

私は全員の名前を覚えています。誕生日もできる限り覚えています。孫のいない私にとって、彼らはスピリットの孫でもあるのです。ちょっと行き過ぎじゃないの、と言われることもありますが、まったく気にしていません。あの子たちは、ひとり一人とても大切で、私の家で色々とお話をし、両親らにメッセージがある時は、まず私に話し、私が親御さんに伝えます。

毎週、新しいお花を飾り、クリスマスにはかわいいツリーを棚に置き、外出する時はいつも、「何日か留守にするわよ。マンシェスター（または、どこでも）に行くから会いたかったらついていらっしゃい」と語りかけます。

この本はあの子たちに捧げるものでもあります。だからこそ『天国の子どもたちから』（原題・無邪気なささやき）という題名になっているのです。もちろん、間違った方向へ進んだ子どもたちもいますが、みんな、後悔しています。根は無邪気な子どもたちなのです。

脳腫瘍だった幼いロバート、高い所から落ちて亡くなった二才のマーティン・ボスパー、激しく揺すられ脳障害で亡くなった赤ん坊のオリバー・トーマス。両親を驚かそうとして間違いをおかしたリリアン、自殺をしたキャリーと、交通事故で亡くなった妹のチャーメイン。オートバイ事故で亡くなったポール。サディー、マーク、ジョナサン……。みんな純粋でスピリットワールドで力強く、幸せに成長しています。

この子たちはとても強烈で、来客らは彼らの目の輝きにいつも驚いてしまいます。みんな、人混みでも目を引く子どもたちなのです。

「幼くして亡くなるのは、とても優秀な子たちなのよ」と訪れる人々は口にしますが、それは正しいと思います。

また、何度となく遺《のこ》された親たちが、同じことを言うのを耳にします。亡くした赤ん坊は普通の子ではありません。泣かず、ぐずらず、誰にでもなつき、不思議なほどできた子です。

年長で亡くなった子どもたちはとくに明朗で、人生を充分に満喫したようです。十代の子どもたちは、いつも親切で思いやりがあり、どこにいっても人気者でした。誰もが、この子たちを天使だと思っていました。

子を亡くした親は、口をそろえて、亡くした子は特別で、どこかしら他の子どもたちとは違っていたと言います。

もちろん、親たちは欲目で亡くした子どもを見てしまうものですが、家族以外の人たちも同じように「亡くなったあの子は特別だった」と言います。亡くなった子どもたちに、同じような特徴があることは偶然ではないのです。

私は、彼らは神の特別な子どもたちなのだと思います。というのは、地球上で多くの時を費やす必要がない深い魂で、みんな大事な目的を持って降りてきて、その役目が終わった途端スピリットワールドに戻るのです。

私も含めて我が子を亡くす親たちは、この課題のために特別に選ばれていて、たとえどんなに短くとも、共に過ごせたことに感謝したいと思います。

私のシッティングルームはスピリットの子どもたちだけの場所ではありません。生きている子どもたちの写真も部屋中に貼ってあり、昔から知っているかわいい子どもたちもいます。

子どものころ、私は看護士を夢見ていましたが、父が亡くなったあと、母は私を学校に通わせることができなくなり、医学を学ぶことは断念しました。代わりに大病院の病棟の家政婦をしたこともありました。母は私に家にいてほしかったので、看護士になれない代わりに乳母になろうと決めました。

でも残念なことにそれさえ叶いませんでした。というのも、乳母は責任のある仕事で経験が必要だったからです。わずか十五才の少女がどうしたら経験を積めるのか、私にも母にもわかりませんでしたが、将来のことを考えて、実用的な仕事に就くようにと母は言いました。ということで、私はとても健康な少女だったこともあり、とりあえずはグランサムの様々な家庭で下働きをしました。

母はこの仕事に満足せず、別の仕事はないものかと考えていました。

そんなある日、隣人でもあり親戚のアンソニー夫人が母に会いにきました。アンソニーさんは、ボンマースという町の、ある家庭の管理人になることになり、一緒にきてくれるメイドを探していたのです。

「ドリスのような女の子を探していたのよ。ここにいるなんて、もったいないわ。ボンマースでは立派な家庭で働けるわ。制服を着て礼儀作法も習うのよ。洗練されたメイドになれるわ。その経験があれば、次はどこでも働けるようになるわ」と母に言いました。

母は、仕事そのものについては異存がないものの、ボンマースはひどい「田舎」で、十五才の私をそんなに遠くに行かせることに気が進まない様子でした。

アンソニーさんは母とトランプをしながら、

「ドリスは年齢のわりには気が利《き》くし、大人だわ。私が一緒だし、あの子の面倒は私が見るから大丈夫よ」と、請け負ってくれたのです。

これで話は決まりました。

私はボンマースに向けて出発することになりました。

私はとても興奮しました。スーツケースには午前中用のプリントドレスと、午後用の白いエプロン。そして帽子の着いた黒いドレスの真新しい二着の制服が入っていました。なぜ一日に二度着替えるのかまったくわかりませんでしたが、アンソニーさんはそれが正統だと言いました。

「ボンマースではみんなきっちりして、とても上品な場所なんですよ」と。

私は、それが豪華なところだと思い、すごいところなんだと、興奮しました。

蒸気機関車が音をたてて南海岸に向けて走ります。私は座席に座ったまま、もじもじしないように心がけました。アンソニーさんは私をしっかり者だと思っているので、彼女を失望させないように心に誓いました。

「さあ、ドリス、アンソニーさんのためにもお行儀よくね。さもないと、家に送り帰されるわよ」

と別れ際に母に言われたのです。

私の頭の中では、ボンマースの海辺の豪邸に住込み、一、二年で乳母まで上り詰めるはずでした。ところが……。

その家を見た瞬間、私の望みは崩れ去ってしまったのです。そこはとても暗く、海は五十マイルも先でした。

道の向こうには不気味な松林があり、そこら中強烈な臭いが漂っていました。夜に屋根裏の小さな寝室で寝ていると、木々を吹き抜ける風の音や小枝がきしむ音がしました。夜に海からの強風が吹くと、朝には倒された松の木が通りをふさいでいました。

新しい仕事が、私の夢を打ち砕くには一日で充分でした。

この家の主人は、軍人で大佐でした。夫人とともに古いタイプの人たちでした。夫人は一日中ベッドに寝ており、病弱なのだと、アンソニーさんが説明してくれました。何の病気かわかりませんが、住込みの看護士がいて世話をしていました。

私には小さな仕事を与えられました。それはクリストファーという名のオウムの世話です。絵本の中でしかオウムを見たことがありませんでしたが、クリストファーに魅せられてしまいました。黄色と緑が混じった鮮やかな青緑色の羽をした素敵な鳥で、一日中夫人の寝室のとまり木でしゃべっているか、羽を繕《つくろ》っていました。

クリストファーの世話の仕方を説明され、私は心配になりました。

クリストファーは、昼間は夫人の部屋で過ごし、夜は温室で寝ます。移動させるのは私の仕事です。簡単そうな仕事ですが、違いました。

温室に連れていこうと止まり木に近づくと、クリストファーは敵意に満ちた小さな鋭い目を向け、大きくカーブしたくちばしで、私の腕をつつく仕草をします。私は用心深く止まり木を持ち上げました。すると、大きな金切り声をあげ、やはり私の指をつついたのです。

私は痛さと驚きで、止まり木を落としてしまいました。

「大丈夫よ。あなたを傷つけたりしないから、しっかりしなさい」

と、夫人の穏やかな小さな声がしました。

私は、歯を食いしばり、再度挑戦しましたが同じように、指をつつかれました。

「さあ、急いでちょうだい。彼は、ここに一晩中いることはできないのよ」

と、夫人はため息をつきました。

私がクリストファーにしかめっ面をすると、彼もしかめっ面をしました。こうなれば、途中でかみ殺されようとも、ぜったいに温室に連れていこうと決意し、深呼吸をして止まり木をつかむと、ドアへ急ぎました。裏階段（使用人は表階段を使えないので）を使って温室へ一目散、途中でクリストファーはギャーギャーと羽をバタつかせて私の手をつついて抗議をしたものの、なんとか温室にたどり着くことができました。

温室と部屋の移動で一日二回、クリストファーと私は闘いを演じることになりました。

それ以外の仕事は簡単でしたが、私にとってはつまりませんでした。

六時に起床すると、みんなが起きる前にすべての暖炉を掃除し火を起こします。それから掃除、靴磨き、野菜料理の手伝いをし、お茶の時間になると夫人の元へお盆を運びました。常に礼儀作法を学びながらアンソニーさんの指示に従っていました。

ただし、いつも上手くいくとは限りません。ある午後のこと、お茶を下げに階段を降りる途中に靴のかかとが取れ、足下《あしもと》が滑ってしまったのです。お盆にのせていた陶器製の茶器がホールの床に転げ落ち、派手な音とともに砕け散りました。

水を打ったような静けさのあと、アンソニーさんが廊下を走ってきました。

「ドリス、いったい何をしたの！」

彼女は壊れた食器を目にすると、大いに嘆きながら、言いました。

「ああ、なんてがさつな子なの」

私は、足を引きずりながら階段を降りて、釈明しました。

「靴のかかとが取れたのです」

でも、アンソニーさんは私には目もくれず、大慌てで食器の破片を拾い始めました。

「さあ、奥さまが気がつく前にこれを片付けなさい」

しかし、アンソニーさんはそれほど腹を立てている様子ではありません。その理由はすぐにわかりました。というのは、アンソニーさんは別のところで働くことにしていたからです。

数日後、アンソニーさんは荷物をまとめ、あわただしく去っていきました。

アンソニーさんが辞めると、今度はすぐにコックがいなくなってしまいました。しかたなく私が代わりに夕食を作ることになりました。急に仕事が増えてしまった私を見かねて、同情した専属看護士が言葉をかけてくれました。

「ドリス、もっと外出をしたらどう」

「でも、私には行くところがないの」

すると看護士は、近所のガールズクラブを教えてくれました。そのクラブを見つけたことが私のボンマースでの生活を一転させることになります。

クラブは同年代の女の子たちで騒がしく、楽しい場所でした。

みんなで仮装パーテイやコンサート、素人劇などをしました。

そのクラブに通っているうちに、店の女性経営者が人手不足の家庭で一生懸命に働く私を見かねて声をかけてくれたのです。

「そこで働くのは、ドリスにとってよいことは一つもないわ」

女性経営者は転職をすすめてくれただけではなく、仕事先も斡旋してくれたのです。

「もしかしたら、乳母になれる道がひらけるかもしれない」

私はそう思って新しい仕事に就いたのですが、残念なことに子どもに接する機会はありませんでした。

新しい仕事先の家の夫人は年配で耳が遠く、この家を仕切っていたのは、夫人ではなく、細身で長身のフルートのような声を出す女性でした。芸術家風な彼女はいつも絹のスカーフをなびかせ、個性的でした。というのも、ピアノを演奏し、あたかもここが自分の家のように装うのが好きだったからです。

夕方、彼女が老婦人を寝かしつけると、

「ドリス、もうあなたの仕事は終わったわ。寝室に行きなさい。夕食は私が運んであげるから」

と命令します。これを合図に、この家の主人は彼女になるのです。

私は夕食後に外出をしたり、ベットの中で読書をしたりと自由にできたので異存はありませんでした。

彼女も私も自由な時間を作ることができました。芸術家風の彼女はガールズクラブの劇の企画や、衣装作りを手伝ってくれたりもしました。

当初は意気消沈だったボンマースの生活。ガールズクラブや転職でようやくエンジョイできるようになったころ、母から手紙が届いたのです。

娘を遠くに働きに出したものの、とても寂しいと書いてありました。そして今すぐにでも帰ってきてほしいと綴られていたのです。そしてご丁寧にも交通費まで同封してありました。

たくさん友だちもでき、楽しいことも見つけることができて、さぁ、これからだという時に……。

私は、しぶしぶ新しくできた友人たちに別れを告げて故郷に戻ることになりました。保母になりたいという夢もこれで終わりか。私は落胆しました。でも、実際は逆に夢に近づいていたことに、その時は気づきませんでした。

私が家に戻ると母はさっそく、ハロウビーホールに仕事を見つけてくれました。どんな仕事なのかしら。詳しくはわかりませんでしたが、政府の関連施設のようで、世界の各国からやってきた男性たちが滞在するところでした。

私は食事担当の賄《まかな》いとして働くことになりました。食事の量が半端ではありません。朝から晩まで、ジャガイモの皮むき、野菜切り、皿洗い……と目の回る忙しさです。でも、仲間とおしゃべりをしながらの仕事だったので、それなりに楽しむことができました。

そんなある日のこと、ペサニー司令官という地元の男性が、施設の女性職員となにやら相談しているのを耳にしました。

「どなたか、子ども好きで、私の仕事を手伝ってくれる人はいませんかねぇ」

女性職員が、うんうんとうなずきながら、私のほうをチラリと見ました。

「子ども好きなら……。そうよ、ドリスしかいないわ。あの子は子どもが大好きなのよ」

その言葉を聞いて、私は一も二もなく、返事をしました。

「はい、もちろんです！」

ペサニー司令官は、すぐに返事をした私をじっと見ました。

しばらくして、私はゴミ捨て場にゴミを出すために外に出ると、そこにペサニー司令官がいました。そして、私にこう尋ねたのです。どうやら私が出てくるのをそこで待っていたようです。

「本当に、子どもが好きですか」

「はい、大好きです」

「では、私たちの家で手伝う気はありますか」

もちろん私はうなずきました。

「それでは、来週、家内と会って具体的なことを相談しましょう」

司令官は私に名刺をわたすと急いで立ち去りました。

これが、メルトン・モーブレーのレッドハウスでの幸せな日々の始まりになろうとは……。

＊　＊

約束の日がやってきました。

レッドハウスは美しい敷地に建つ赤煉瓦の大きな家でした。

ペサニー夫人は私に「乳母の助手を探していた」と言いました。

五歳のビビネ、四歳のジョン、そして赤ん坊のパトリックと、三人の子どもがおり、住込みで夜間保育ができる人、というのが仕事の条件でした。私には夢のような話です。絶対に母の許可が下りると確信しました。あの重たい空気のボンマースと比べると、このメルトン・モーブレーでの生活には未来を感じました。

私は再び、エプロンのついた茶色のドレスの制服を着て、新しい人生を出発することになったのです。

三人の子どもの乳母は痩せていて、最初は近寄り難い雰囲気でした。でも、帽子のうしろに素敵なベールを付けるような洗練された女性でした。彼女はとても厳しく、そしてとても合理的でした。

「それから、子どもたちを甘やかすことは認めませんから」

と私の弱点を見透かしたように、厳しく付け加えました。そんなことを言われたので、よけいに近寄りがたく感じたのかもしれません。

子どもたちは本当にかわいく、ビビネは黒褐色の髪と目をした女の子。ジョンはふっくらした巻き毛で、性格は繊細な感じ。パトリックは体格のいい赤ん坊で、泣くよりもすぐに笑うのんびり屋さんでした。

二人の男の子は夜は保育用の部屋で寝て、乳母は子どもたちの隣りの部屋で寝ます。ビビネは同じ階の部屋にいて、私の部屋は通路の奥にありました。

台所のある一階で子どもたちは日中すごします。子どもたちはたくさんのオモチャをもっていて、敷地内の離れに保管するほどでした。

子どもたちは週に一度、日曜日の昼食時に両親の元を訪ねることができました。

また、乳母が休みの日には、子どもたちを入浴させに母親がやってきましたが、それ以外は子どもたちは乳母や私とすごしました。

私の仕事はとても単純でした。

ボンマースでたくさんのことを経験したおかげで、私はほとんどのことに対処できるようになっていました。保育所の掃除をし、ベッドを直し、洋服を繕い、簡単な食事を作りました。子どもたちの食事は質素で、まずバターをつけたパンを食べ、そのあとでおかずです。たくさんのイーストののったトーストとゆで卵、時にはプレーンのビスケットと牛乳がごちそうで、ケーキを食べられるのは誕生日だけ。だからでしょうか、子どもたちには虫歯が一本もなく、肌もつやつやしていました。こうした健康は間違いなくこの質素な食生活の賜物《たまもの》だと私は感じました。

乳母に見透かされていたように、私は子どもらには甘く、厳しくすることができませんでした。パトリックが泣いていたら飛んでいき、甘えたいから泣いているのだとわかってはいても「坊や、何があったの」と声をかけました。また、ぽかぽかのピンク色の肌をしてお風呂から上がってくると、ガウンを着たまま子ども部屋に連れていき、ビスケットをこっそり与えたりしました。もちろん、そんなことが乳母に知れでもしたら、「ドリス、そんなことをしてはいけません！」と口をへの字にして、厳しく叱られるのはわかっていたのですが。

みんな私のことを、ドリスではなくドスと呼び、子どもたちと遊ぶ時間を多くとれるよう日常の雑用はなるべく早くこなすようにしました。

子どもたちと遊ぶときは、私も体の大きな子どもに戻って対応しました。四つんばいになって追いかけっこをしたり、ぐるぐると包帯を巻かれて透明人間ごっこをしたり、テーブルに食べ物を並べてお店屋さんごっこをしました。とくに巻き毛のジョンはこのお店屋さんごっこに夢中でした。そのジョンが、教会の子ども向け収穫祭の礼拝に参加したとき、こんな「事件」を起こしてしまいました。

その礼拝はジョンにとって、初めての参列でした。見るもの聞くものすべてが新鮮な驚きだったようで、聖歌隊の男の子たちのうしろにくっついて祭壇の牧師さんを見ています。目はどんどんと丸くなり、牧師さんが祭壇に上がったときには、口をぽかんと開けたままになっていました。しばらく教会内に沈黙がながれ、さていよいよ牧師さんは深呼吸をし礼拝を始めようとした、その時でした。ジョンの甲高い声が、古い石の礼拝堂に響き渡ったのです。

「ドシー（私のこと）、牧師さんがよだれかけをしているなんて行儀が悪いよ」

ジョンはお店屋さんごっこで、年長者がよだれかけをすることは、行儀が悪いと教わっていたのです。

参列者はみんな下を向き笑いをかみ殺しています。牧師さんはムッとした顔です。でも声の主が無邪気な子どもだとわかると、牧師さんの顔は苦笑いに変わりました。私は真っ赤になってジョンに、シーと合図しました。

子ども収穫祭はかわいい祭典でした。教会は花でいっぱいになり、果物や野菜の入ったバスケットをさげた小さな子どもたちが通路をうめます。いよいよ子どもたちが牧師さんにプレゼントを渡すために祭壇に並ぶ、このイベント最大の見せ場がやってきました。

私はビビネとジョンに、

「あの贈り物は病《や》んでいる人たちの楽しみとして病院に持っていくのよ」

と説明をしました。ここでしくじったら大変だ。

二人はこくりとうなずく。理解をしたようで、最年長のビビネの番がやってきました。彼女はダンス教室にかよっていたので、練習で習った素敵なお辞儀をしながらバスケットを手渡しました。誰もが微笑み「素敵な少女だ」という声をあげました。私はその声を耳にして、鼻が高くなりました。

そして、いよいよジョンの番。

牧師さんへ向かって大股で歩くジョン。バスケットを突き出し、足を開いて片手はうしろです。まるで父親が子どもに何かを渡しているかのようです。バスケットを受け取った牧師さんは少し困った様子でジョンに何かを言いました。でもジョンはまだそこに突っ立っています。なにをしているのだろう。もう、牧師さんにバスケットを渡したので、用は済んだはずなのに。

「ジョン、ドシーのところへ戻りなさい。ジョンったら」

私がそう言うと、ジョンは大きな声で叫んだのです。

「だって、まだお代金をもらってないよ」

お店屋さんごっこでは、お客が食べ物の入ったカゴを渡すと、店員はお返しに手にいっぱいのコインをくれることになっていました。そのことをジョンは覚えていたのです。

＊　＊

ペサニー家の子どもたちはとても良く躾《しつ》けられていましたが、いたずらも好きでした。乳母は少し厳しいので、いたずらにどう反応するかわかりません。いたずらの標的は私に向かいました。

子どもたちの部屋には椅子付きの小さなテーブルがあり、椅子のシートは掃除をしやすいように取り外しができます。子どもたちの大好きないたずらは、その小さな椅子に私を座らせることです。シートにはそれぞれ名前が書いてあり、どこに座ればいいのかわかるようになっています。もちろんドリスと書いてある私のシートもあります。いつもは大きな椅子に私の名前のシートがあります。子どもたちは私のシートを隠して、私を呼びます。

「ドシー、お茶の用意ができたよぉ」

「まぁ、ありがとう。あれ？　私のシートは？　どこに座ればいいのかしら」

するとと子どもたちは大笑いして、

「ドシー、ここに座って、ここに座って」

と小さな子ども用の椅子を指さします。

言われたままに、子ども用の椅子にお尻を挟むととても不格好な姿になります。このことがとてもおかしくて、子どもたちは床の上を笑い転げるのです。

ある日のこと、いつものように子どもたちのいたずらにつき合ったのですが、どういうわけか椅子からお尻が抜けなくなってしまいました。ちょっと太り気味だったこともあるのですが。引いても押してもなかなかはずれない。立ち上がると、私のお尻に椅子がくっついた状態。子どもたちは私の姿に、いつも以上に爆笑し、大声をあげて大興奮。

「笑ってないで、ほら、みんな助けてよ」

「ドシーのお尻を押そう、押そう」

子どもたちは大喜びで、私のお尻を押す。でもはずれない。

あまりの大声に、夫人がやってきました。

夫人は、子ども部屋の入り口に立って、怖い顔をしていました。そして、子どもたちの笑いに引きずり込まれたわけでもないでしょうが、皮肉を込めて、そしてちょっと笑いながら、こう言いました。

「ドシー、手伝いが必要なようね」

私は、ほっとため息をつきました。夫人は乳母には報告をしないだろう。報告されたら、きっと私はひどく叱られることになる。

子どもたちはこんないたずらのほかにも、ときどき泥だらけになりました。子どもだからしかたがないのですが……。

ある日の午後のことです。子どもたちはパーテイに行く予定だったので、お風呂に入れ洋服を着替えさせ、乳母が出発の用意をしているしばらくのあいだ、庭で待っていました。

子ども部屋を散らかしたまま外出するのを乳母が嫌《きら》っていることを知っていたので、私は脱ぎ散らかした洋服と子ども部屋のかたづけで走り回っていました。しばらくして窓の外が気になりました。子どもたちがあまりに静かだったからです。

年長のビビネはお出かけ用のドレスで芝生の上に座り、下のジョンは泥まんじゅうを作っていると思ったのですが、私の思いはうち砕かれました。

ジョンは、錆びついた古いやかんを道路の砂利でいっぱいにして手に持ち、つま先立ちで、赤ん坊のパトリックの頭に小石の雨を降らせていたのです。

パトリックは、そんないたずらをされても、いつもどおり陽気に笑っています。新品の帽子にも砂利が詰められ泥んこです。パトリックはそれがうれしいらしく、乳母車の中でニコニコしています。

言うまでもなく、ジョンの手とズボンは最悪です。

これからパーティに行くのです。私はぞっとしました。

「ジョン、何をしているの！」

ジョンはハッとしました。そして、こう言いました。

「ごめんなさい。でも、これティーポットだと思ったの」

手にした古いやかん。ジョンの無邪気な言い訳。私は叱るに叱れなくなってしまいました。

私は急いでパトリックの新しい帽子と、ジョンの手を拭くための雑巾をもって庭へ走りました。

ジョンは想像力が豊かな子でした。私の想像力などはるかに越えていたので、ついていけないこともしょっちゅう。でも、ジョンの行動は一見するとめちゃくちゃでしたが、彼の言い訳を聞くと、納得することも多かったのです。その意味では、子どもなりにとはいえ、理論的と言えば理論的でした。

＊　＊

ペサニー家では年に一度、夏に一ヶ月ほどクラクトンの海辺に家を借り、そこで過ごします。岸辺での豪華な休日です。

その休日も終わり、私たちは再びメルトン・モーブレーに戻ることになりました。ジョンとビビネと私は荷物をかかえて車に乗り込みました。

夜の闇を車のヘッドライトが照らしています。空は暗く月は霧でかすんでいました。子どもたちは後部座席で静かにしています。すると寝ていると思っていたジョンが、妙なことを言い出したのです。

「ビブ（ビビネのこと）、見てごらん。神さまが寝ているよ」

ビビネが、つられて窓の外を見ました。

「馬鹿なことを言わないで。私には寝ている神さまは見えないわ」

と、ビビネが軽蔑したように言いました。

「ジョン、私にも見えないわ」

と私も言うと、ジョンはたまらず、窓から顔を出し、月を見上げたのです。

「ふたりとも馬鹿じゃないの。神さまの枕元のライトが見えないの？」

ジョンはとても不満げでした。

ほとんどの子どもは、霊的能力が備わっていますが、十一、二歳になると現実の世界のほうが強く意識されるようになります。ジョンにはその能力がまだ残っているようでした。

当時は専門的なことはわかりませんでしたが、私もビビネやジョンの年齢のときに、他人には見えない遊び友だちが何人かいたことを思い出し、彼らにもそういう見えない友だちがいるかと思いました。

もしそうであっても、ペサニー家の子どもたちは何も言わなかったので、乳母や私が気づくようなことはありませんでしたが、幼いころの私が特別でなかったことだけはわかりました。

何年か後《のち》、ビビネとジョンは孤独ではなかったので、スピリチュアルな友だちはさほど必要でなかったと実感しました。というのは目に見えない友だちは、孤独な子どもたち、とくに兄弟を亡くした子どもらと遊ぶために現れる傾向があることがわかったからです。

小さいころ、私は一人でいることが多く、母が子宮外妊娠で死にかけたことがあり、あちら側で成長しているスピリチュアルな兄弟がいました。

スピリチュアルな兄弟といえば、私たちが結婚後に養子に迎えたテリーにもそれがあてはまります。

テリーのスピリチュアルな友だちというのは、ほかでもないマイケルでした。マイケルを亡くしたあとに養子となったテリーは一人っ子ということもあり、一人で過ごす時間が多かったのですが、実は一人ではなかったのです。彼が部屋で遊んでいると、二人の男の子がゲームをしているような、ドスン、ドスンという音や声が聞こえたものです。

「それをよこして、マイケル。君はきのうもそれで遊んだじゃないか」

夏には、夫のジョンが作った「チャンバラごっこ用の剣」で遊ぶテリーの姿を頻繁に目にしました。

一人でチャンバラごっこ？　そう、誰が見ても、テリーは一人で遊んでいるのです。でも、よくよく観察していると一人ではないことがわかりました。テリーは誰かを相手にチャンバラごっこをしているのです。その誰かに狙いをつけて剣を振り回し、そして誰かが打ち込んでくるのを防いでいました。誰と遊んでいたかは、もうおわかりでしょう。

私は、目に見えない友だちとテリーのことを、そっと見守っていました。私が子どもの時に「変わっている」と言われ続けた苦しみをテリーにはぜったいに味あわせたくないと固く決心をしていたからです。こうしたことは奇妙なのではなく、ごく自然なことなのです。

＊　＊

故郷グラハムで、隣人の奥さんがクレアという幼い娘さんのことで同じような「見えない友だち」の問題を抱えていました。

「義理の母が、娘のクレアを何とかしなければと言うのよ。クレアは不自然だと」と、奥さんは悩んでいました。

私には、クレアに何の問題もないように見えました。どこから見てもバランスのとれた幼い少女だったのです。

「ええ、確かにそのとおりなの。でもね、あの子にはロジャーという友だちがいるのよ。義母はそのことを指して、不自然だというの」

「それで、ロジャーはどこに住んでいるの？　どこの子どもなの？」

と私が尋ねると、奥さんは意外なことを口にしました。

「まさにそこなのよ。ロジャーはどこにも住んでいないの。彼は目に見えないのよ」

これですべては明らかになりました。私は動揺している奥さんを安心させるために、言葉をかけました。

「大丈夫、それは大勢の中の一人なのよ」

私の言葉を聞くと、奥さんは不思議な顔をしました。

「大勢の中の一人って、どういう意味なの？」

「スピリチュアル・チルドレンの中の一人よ」

そう言うと、奥さんはますますわからないといった表情になりました。

「赤ん坊を亡くしてないかしら?」

私が尋ねると、彼女は、「いいえ」と否定しました。

「では、失礼な質問なのですが、流産をしませんでしたか?」

彼女はしばらく答えづらそうでしたが、

「ええ、四ヶ月前にしたわ」と言いました。

「あなたには見えなくても、娘さんは弟に会えるとは思わない?」

私が尋ねると、彼女は私の質問の意味を計りかねているようで、

「それは、とても不自然なことだわ」

と言うと、彼女は沈黙してしまいました。しばらくして、彼女が言いました。

「でも、娘のクレアに本当に見えるのなら、それは視えるということよね」

私はその言葉を聞いてほっとしました。

「そうよ。とにかく、この子は幸せだわ。クレアはどう見ても健康そのものだわ。誰が迷惑するというわけでもないし、何の問題があるのかしら」

「そうね。おっしゃるとおりだわ」と彼女はようやく納得したようでした。

「義母には人のことより、自分の心配をするように言っておくわ」

そして、実際にそれ以降、彼女はクレアのことを奇異な目で見なくなったのです。

家族の中でロジャーが視えるのは、クレアだけでした。一家そろって車で出かけようとすると、

クレアは「ロジャーのために詰めてあげて」と言います。父親はその言葉に従って、席を空けます。また、ロジャーがやって来る前は、クレアは暗い二階に上がるのを怖がったのですが、今ではまったく平気になりました。というのもロジャーが彼女の手をとり、楽しそうに二階に連れていくからです。

ある晩、私はクレアの家にいました。子どもたちの就寝時間になり、クレアも二階の寝室に向かいました。

「クレア、怖いでしょ、一緒に上がって行くわよ」

母親にそう言われると、クレアはこんなふうに答えたのです。

「いいの。もう大きくなったから、一人で上がれるの」

「でも、あなたがベッドにはいったら、灯《あか》りを消す必要があるでしょう。あなたには届かないわよ」

「大丈夫、ロジャーがやってくれるから」

クレアは、さも当たり前のようにそう言ったのです。

母親は、クレアのうしろ姿を見送りながら、

「ね、私の言っていることがわかるでしょう」

と私にウインクしました。

「ええ、でも気にしないで。彼女の好きにさせてあげて」

「彼女が寝たら、上にいって灯りを消すわ」

クレアが階段を上っていく。しかもロジャーとおしゃべりをしながら。二階に上がると、寝室のドアを開ける音がした。階段下で私たちはじっと耳をそばだてる。

しばらくして、クレアがベッドにもぐり込んだころ、カチッと灯りを消す音がする！　そして、同時にドアからわずかに漏れていた部屋の灯りが消えた！

＊　＊

この物語の続きは何年もあとにおとずれました。

グランサンへの帰郷の際、偶然にも大人になったクレアに会ったのです。すでにクレアには子どももいました。しばらく世間話をしたあと、私は当時のことを切り出しました。

「クレア、小さいころのことを覚えているかしら」

彼女には、私が言おうとしていることがわかったようです。

「ロジャーのことでしょう」

「まあ、ロジャーを覚えているのね」

「もちろんです」

と彼女はうれしそうに言いました。

「彼は本当にいたのです。みんな、私の作り話だと思っていたけど、そうじゃないんです。彼がそばにいたことは、とっても素敵でした。怖いときはいつも『ロジャー、手をつないで』と言い、彼が手を握ってくれると、すぐに気持ちが落ち着いたんです」

「いつごろ、彼を見なくなったの？」

「多分、十一、二歳くらいだと思います。でも、突然会えなくなった訳ではないのです。毎日が忙しくなり、ある日気がつくとロジャーとずっと会っていなかったのです。それ以来、彼には会っていません」

クレアが十二歳になったとき、彼女にとって、その世界は不要となったのでしょう。でも、ある日、彼女はロジャーに再会する。それは彼女があ、ち、ら、側にわたるこの世の最期のとき、ロジャーはほかの友人や親戚たちと一緒に、彼女のことを待っているのだから。

Chapter 4／亡くなった父親から息子たちへの伝言

悲惨な一日でした。

窓の外は厚い雲がかかり、どこを見ても灰色で、ビルの谷間を風がヒューヒューと吹いていました。窓際には華やかな花があり、テーブルの上にはお見舞いのカードがたくさんありました。

私はまた入院をしてしまったのです。

「きっと、普通の人より病気をしているわ」

と、私はスピリットワールドに向かって愚痴りました。

「そうよ、本当におかしいわ。仕事をしているか、病気になっているしかないのよ」

応えはありません。応えるのも面倒なのかと、私はすねました。

過去に受けたはん痕組病の手術が原因で、それが肝臓に感染し激痛となり、再度切り取るために病院に運ばれたという次第。

時間のかかる手術で、しかも成功はほとんど期待できないという、どうにもならない状況でした。

「そろそろ、お迎えがきているんでしょう」とスピリットワールドに大声で捨てぜりふを吐きました。でも、あちら側からは、なんの反応もありません。

と、その時突然ドアをノックする音。驚いて現実に引き戻されました。

「どうぞ」

「こんにちは、ドリス」

若くてかわいい看護士さんが入ってきました。

「あなた宛のお手紙ですよ」と彼女は大きな封筒をベッドに置きました。

スピリットワールドは私のことを無視するけれども、こちら側の多くの友人たちは、ほらごらんなさい、こんなにたくさんの手紙をくれるわ。

カードは山のように殺到していました。お花や電話でのメッセージもひっきりなしです。マイケル・アスペルもラジオ番組をとおしてお見舞いの言葉を送ってくれました。それなのに、あちら側のスピリットワールドからは、励ましのメッセージもない……。

私はかなり落ち込んでいました。もう、ただの一通の手紙でさえ開ける気力はありませんでした……。

でもふと手紙の山に目をやると、大きな文字。子どもの字でした。私は目が吸い寄せられると同時に、気持ちが和《やわ》らいでいきました。

私はすぐに封筒を開けました。すると、中から赤い大きなポスターが出てきました。

ケーティ・ベッキンセールと友人のアンバーより。ドリスへ――と書いてあります。そのポスターには赤と緑で塗られた大きな手作りカードが貼ってあり、詩が綴《つづ》られていました。

大好きなドリスへ。
早くよくなってください。
それ以上は言いません。
元気になると信じているから。
今日か明日に。
愛をこめて
ケーティより

その隣りには、アンバーの詩。

大好きなドリスへ。
お願い、とっても美しい青い目をした、ふわふわの白い髪のばあやを呼んでください。
それから、勇敢だったおじいちゃんが、天国では怖そうな顔をしていませんように。
たてがみと尻尾が柔らかい私の馬を呼んでください。

まだ一度も会ったことがない、リディアおばあちゃん。でも、月みたいな顔をしているそうです。お願いします。

愛をこめて　　アンバー

次は、私の処女作を読んでくれたケーティの詩がピンクやラベンダー、紫といった色で描かれたイラストと共に貼られていました。

紫色の目をしたあなたの赤ちゃんが、毎日見守っています。
そして、愛と優しさで満ちあふれ、天国からこう言っています。
お母さん、そしてお父さんとテリーが元気でいますように。
お母さん、お願いだから悲しまないで。ぼくは一歩進んだだけだから。

私はとめどなく涙があふれました。
スピリットワールドは私のことを忘れてはいなかったのです。八才の子どもがその真実を思い出させてくれました。

＊　＊

私がケーティに初めて会ったのは、彼女の母親のジュディ・ロエがシッティング（霊視、あるいは相談〉にやってきた時でした。ジュディは亡くなった元・夫のリチャードの声を聴くために私のもとを訪ねたのです。

リチャードはテレビ番組の人気者で、私自身も大ファンでした。彼のテレビ番組を見てはお腹をかかえてよく笑ったものです。彼の私生活については一切知りませんでした。とても若く見えていたので、彼にケーティの年代の娘さんがいることを知り、驚きました。リチャードが亡くなって数年がたっても、ジュディは深く落ち込んだままでした。

リチャードとは、すぐに通信することができました。

彼は自分が亡くなった前後のことを語りました。

〈私は、とても怯《おび》えていました。亡くなった夜だけでなく、それ以前からいつも、とてつもない恐怖感でいっぱいでした。自分は終末論者だと思っていたのです〉

彼が体調を崩した晩、ジュディは出産のために入院中でした。

〈その晩は、とても怯えていたのです。そしたら、心臓発作が起きて左腕と胸に激痛が走りました。友人に電話をすると脈をはかるように言われたのですが、どうしたらよいかわからなくなりました〉

彼は、自らの最期を語るとき、とても悲しそうでした。

リチャードは自分は長生きしないだろうと悟っていたようです。後日、ジュディが発見したリチャードの手記に、そうしたことが詩のような形で残されていたのです。

愛しい未亡人。子どもたちをよろしく頼む。

愛する未亡人、私の夢を実現させるだろう。


彼がこれを書いた時は、誰が見ても彼は健康でした。でも、リチャード自身は心臓病のことをわかっていたのでしょう。

シッティングによって心が軽くなったのか、リチャードが明るくなっているのを私は感じることができました。彼は太陽と呼んでいたジュディに愛のメッセージを送りました。

〈ジュディはぼくの人生そのものでした。私の抱《いだ》いていた恐怖をジュデイに話せなかったことだけを悔やんでいます〉

ジュディの脇に彼はいました。ふっくらとした顔で、黒髪は短くカットされていました。

〈君もケーティも、陽のあたる道を歩くのだよ。いつの日か、君を愛し、ケーティの父親になれる人と出会ってほしい。ぼくはいつでもケーティの父親だが、君には、残りの人生を独りでいてほしくない〉

幼い子を遺して逝ってしまった親は、子どもたちの必要に応じて、手助けのためにたびたびこちら側に戻ってきます。実際、数年後に目に見えない親の手助けがあったことを語る子どもたちが多いものです。これは想像ではなく、実際の経験なのです。子どもたちが必要とするタイミングで親たちは手助けします。肉体をもったこちら側にいる親たちとまったく変わりなく心配し、そして援助をするのです。何があっても親は親なのですから。

＊　＊

次は、アニーとのシッティングでのエピソードをお話しましょう。

彼女はヒーラーのリー・エベレットとともに、ある日の午後、私を訪ねてきました。

楽しいおしゃべりも終わって彼女らが帰る間際になって〝事件〟は起きました。

それまでは何事もなかったアニーが、明らかに違った姿になったのです。若くて美しいアニーが、混乱しているのです。なぜ？

「何か、心に引っかかるものがあるんじゃないの。アニー」

私はそう尋ねずにはいられませんでした。

すると、アニーの隣りにいたリーが声を上げたのです。

「ドリス。そうなのよ」

気の毒に、アニーはとても混乱していました。彼女は事業の資金繰りのために、自身のマンションを売るなどしていましたが、ことごとく、うまくいかず途方に暮れていたのです。

「参考になるかはわからないけれど、シッティングをやってみましょうか。多分、あちら側の人々が何か意見を言ってくれるわ」とアニーに提案しました。

私は占い師ではありません。ですが、現世での仲間が道に迷ったときに、時たま、あちら側の人々は未来のほんの一部を教えてくれ、生き抜くために元気づける手助けをしてくれることがあるのです。アニーを助けてくれるかどうか約束はできませんでしたが、試してみる価値はあるように思いました。

いつもどおりにシッティングは始まりました。

最初にアニーの兄と何人かの家族の声が聴こえました。そのあと、しきりに〈ヨーコに聞いて。ヨーコに聞いて〉という声がしました。

「ヨーコ」とは?。私が知っているヨーコはただ一人、ジョン・レノンと結婚した日本女性のオノ・ヨーコだけです。ヨーコという名は、私が思っていた以上に一般的な名前なのでしょうか。

それから、ジョン・レナードという名前が聴こえました。その名をアニーに告げると、

「この事業に関わっている弁護士の名前です」とアニーは答えました。

すると、別の声が邪魔をしてきました。

〈ジョン・レノンだよ〉

アニーの仕事に弁護士として関わっているジョン・レナードと混乱したのですが、今度の声はとてもしっかりしていました。そして、その声は続けてこう言ったのです。

〈ジョン・レノンだ。こちら側に来ているんだ。アニーはぼくを知らないが、夕べ、アニーはぼくの親友と電話で話していたのさ。その相手とはニューヨークのエルトン・ジョンだ。〉

このことをアニーに告げると、

「ええ、昨晩エルトンと話しました」と確かにそのとおりだとアニーは言いました。

彼女はかつて音楽業界で仕事をしていて、ジョン・レノンとは面識はなかったのですが、エルトン・ジョンとは旧知の間柄だったのです。ジョン・レノンはアニーの事業のすべてを知っているようでした。

〈なんで、ヨーコに支援を求めないのかな。結局、その事業にはぼくにちなんだ名前を付けたんだから〉

とジョンは言いました。アニーにそのことを確かめると、ジョンの言うとおりでした。ジョンは事業内容の詳細をいくつか語ったあと、エルトンについて、

〈ぼくは、あの少年が大好きだった。ぼくについて書いた曲を知っているだろう。『ジョニー』と言う曲だよ。彼は世界中でぼくの歌を歌ってくれたんだ〉と言ったのです。

私はポップスのことはわかりませんが、アニーは「そのとおりです」と言いました。

しかし、ジョン・レノンと対話しているとは、信じられませんでした。というのはジョンとは思えなかった点が一つのあったのです。ジョンにはリバプール訛りがあるはずですが、この男性はアメリカ訛りの英語だったからです。

「あなたがジョン・レノンだという、確かな証拠はないかしら」と尋ねると、

〈ヨーコとぼくには、二人のイニシャルがついたお揃いのパンツがあるんだ。ヨーコは、ぼくの金縁の眼鏡を四個もっている〉と言いました。

それから、ロウソクと花で飾られた絵のことを語りだしたのですが、アニーにも私にも何のことだかわかりませんでした。

「ヨーコがあなたの絵の周りを、花とロウソクで飾っているってことかしら」と尋ねました。すると彼は〈違う〉と言いました。

さていよいよわかりません。彼は再度、詳しく説明しようとしましたが、結局、私には聴き取れませんでした。

「ごめんなさいね。波長が合わないようだから、ほかのことで試してみましょう」

のちにその謎は解けました。彼の命日に多くのファンが花で飾ったジョン・レノンの写真と共にセントラルパークをまわり、そして全員でロウソクを灯したことを指しているのだとわかりました。

次に、彼が殺された場所を私に視せてくれました。すぐに、いつものニューヨークの景色が私の心の中に現れました。セントラルパークの近くの高い建物と木々。その一区画すべてを彼は所有していたと説明しました。

〈ドリス。あなたは、そこに行ったことがありますよ〉

「いいえ、行ったことはないわ」

私にはそこを訪れた記憶がありませんでした。

〈いや、行っているよ。そこでラジオ番組に出ていたよ〉

すると、突然画面が変わりました。それは、夫のジョンと私がフィゲラルドとペギー夫人のニューヨーカー向けの深夜のラジオ番組への出演のため、美しい廊下で迎えを待っている場面でした。

「ああ、そうだわ」

私はようやく思い出しました。

「そう、確か私たちが最後にアメリカに滞在していた時のことだわ。あそこがあなたの住んでいた建物だったのね」

彼は不思議な少年のようで、ぶっきらぼうでしたが、人助けに関してはとても親身になってくれました。彼は、アニーの事業のことを話しはじめました。

〈お金は十分にあるよ。君が平和を深く愛してくれる限り、ヨーコに支援をしてもらってほしいんだ〉

私は、彼があちら側で何をしているのかを尋ねました。

〈まだ、作曲をしているんだ。それからね、二人のブライアンに会ったよ。薬で自殺をしたブライアンと、プールで溺れたブライアンだよ〉

アニーは、薬の過量服用で亡くなったビートルズの初期のマネージャのブライアン・イプステンと、自宅のプールで遺体で発見されたローリングストーンズのブライアン・ジョーンズだろうと言いました。

「あなたを撃った男についてはどう思っていますか。彼に憎しみはありますか」

すると、ジョンはそれを否定しました。

〈結局、彼は頭が正常でなかったんだよね。それに、お迎えがきたから逝っただけだよ、ね〉

彼は、そう言って微笑んだのです。ユーモアのセンスと、とても思いやりのある人でした。

〈やり残したことがたくさんあるんだよ〉

と彼は言い、とくに二人の息子のことはとても気になっているようでした。

〈ヨーコの元を去っただろ。でも本当の幸せは家族と共にあることに気がつき、戻ったんだ〉

彼は、長男のジュリアンが、不公平に扱われていると思い込んでいることを心配していました。

〈あの子は、今は周りが見えなくなっているんだ。問題は、あの子は遺産をもっともらうべきだと思っているけど、ヨーコは彼が大人になるまで待たせることが当然だと思っているんだ〉

そして、最後に彼は、下の息子のショーンについて話しました。ジョンの語る思いから、ショーンが彼の心の特別な部分を占めていることがわかりました。

〈ショーンはね、ぼくに会っているよ〉

小さな子どもは、霊と会うことができます。ショーンも例外ではないのです。

＊　＊

多くのポップ歌手たちが若くして逝ってしまうのはとても不思議です。飲酒や麻薬が原因の場合も多いのですが、自身の過《あやま》ちでなくとも、驚くほど多くの若者が逝ってしまう。ジョン・レノンは銃で撃たれましたが、飛行機事故だったり、ギターでの感電死、あるいはマーク・ボランのように自動車事故というケースもめずらしくはありません。

これまで、こうして親しい人を亡くして悲嘆に暮れている妻や恋人、あるいは母親たちと、多くのシッティングを行なってきました。彼らの母親たちと話すと、息子たちがどんなに粗暴で、どんなに悪事を働いても、母親にとっては無邪気な子どもなのだと実感します。母親の足元にはいつも甘えん坊の少年、あるいは少女がいるのです。

マーク・ボランの母親のフィリス・フェルド夫人のシッティングをした時に、このことを痛感しました。

マークが亡くなり数年がたっていました。私は彼のことをあまり知りませんでした。私はジム・リーブスのファンなので、マーク・ボランには興味がなかったからです。

肩まで伸びたカールした髪、目を化粧していた少年――と記憶している程度です。そしてマスコミで伝えられている印象から、反抗的で傍若無人なタイプだと思っていました。

でも、実際にシッティングして彼の話を聞いているうちに、その印象が間違いであったことがわかりました。

彼はとても穏やかで親切な青年だったのです。彼は自らの間違いに気づき、反省もしていました。

フェルド夫人からのシッティングの依頼の手紙は、幸運な巡り合わせでしょうか、たまたま一日だけ空いた日がシッティング予約の希望日でした。

すんなりと実現したシッティング。シッティングを始めると直ぐに、マークは『ハッピーバースデー』を歌いながら現れました。

「なんで、歌っているのかしら」と母親に尋ねると、

「今日は、あの子の誕生日なんです」

〈二十九才なんだ〉とマーク。

「彼は、今日で二十九才なんですか」と母親に尋ねると、

「いいえ。でも、あの子は二十九才で亡くなりました」

それから、彼は息子のローランの年齢を言い、車を運転していたグロリアについて話しました。

〈ぼくのお母さんは本当に優しいんだ。お母さんは、事故を起こしてしまったグロリアを決して責めないんだ〉

事故はグロリアが運転中に起きました。木に激突しマークは亡くなったのです。

〈グロリアは大丈夫だった。彼女は無傷で、『起きて。起きて。マーク』と叫び続けたんだ。でもぼくはすでに逝ってしまった。タイヤが破裂したから、車の制御がきかなくなったんだ。彼女の運転ミスじゃないよ〉

それから、彼はまた歌い始めました。

『Tie a Yellow Ribbon Round the Old Oak Tree』という、楽しい曲でしたが、私にはとても奇

妙な選曲に思えました。マークの音楽とは違う種類だったからです。

彼が歌い終わると、彼は自分の誕生日に、彼がぶつかって亡くなった木にリボンを巻きつけたアメリカから来た少女について語りました。でもフィリスと私には、何のことだかさっぱりわからず、理解できませんでした。

「何を伝えたいのか、わからないわ」

彼は、何度かメッセージを繰り返しましたが、やはり私たちには理解できませんでした。

「ではあとにしましょう。今の時点では、何もわからないから」と私は提案しました。

しかし、数日後にそれが何を意味しているのか明らかになりました。マーク・ボランが命を落とす原因となった木に毎年巡礼に来るファンがいまだにいる、と書かれた記事を見つけたのです。

マークはもう一人のマークについて話しを続けました。

〈本名だけどスペルは　M-A-R-K だよ〉

マーク自身とはスペルが違う。そのことをフィリスに告げると、

「それはマークという名のいとこです」とのことでした。

彼は、ほかの家族の名前と誕生日を述べ、それからグレイスという名を言いました。フィリスは首を振り、

「グレイスと言う名前は知りません」

〈うん、ママが彼女の名を知らないのは当然さ〉とマークは言います。

〈ドリス、ママに、こちら側でエルビス・プレスリーと母親のグレイスに会ったって、伝えてください〉

フィリスにそのままを伝えると、フィリスは思い出したかのように言いました。

「そうだわ。あの子はエルビス・プレスリーを崇拝していたんです。そしてあの子は、エルビスにとても会いたがっていたんです」

マークは、母親がもうすぐロサンゼルスに行くので（それは事実だった）、プリシーに電話をして、エルビスがリサによろしく言っていると伝えてほしい、と付け加えました。

「エルビスの奥さんはプリシアと言い、娘さんはリサと言います」とフィリスは私に説明してくれました。

それから、彼は母親について心配していて、

〈ママは、働く必要はないんだ。ぼくは一生懸命働いて、お金をたくさん稼いだけど、だまし取られてしまった。ぼくは多くの曲を作ったけれど、ビジネスマンとしては駄目だった。富と名声は突然やってきて、それをうまく扱えなかったんだ。ぼくはパパの忠告に耳を貸さなかった。自分自身をビッグスターだと思っていたけど、パパはいつも『気をつけるように』と言っていたんだ〉

フィリスは悲しげにうなずき、こう言いました。

「マークの言うとおりなのです。父親はあの子のことをとても心配していました」

そしてメッセージの最後に、ジョン・レノンと同じように、息子のローランについて語りました。彼は幼いローランをとても誇りに思っていたと言うのです。

〈ぼくは、事故の直前までローランのために曲を書いていたんだよ。もちろん、新曲だよ〉

おそらく、いつの日か息子のローランは亡き父のために曲を作るだろう。マークがそれを望んでいるのですから。

Chapter 5／米国滞在での出来事

一九八二年、秋。私はかねてから希望していたアメリカへ行くことになりました。熱心に誘ってくれたアメリカの友人のおかげでした。その時のことをお話しします。

＊　＊

それは、アメリカでのハロウインの夜のことです。

子どもたちが「いたずらか、ご褒美か」と叫びながら、一軒一軒訪ねてまわるハロウイン。魔女や幽霊に変装した群れが町を歩きます。でも夫のジョンと私には、ただの不気味な祝典のように思えました。

その夜、私たちはコネチカットの友人宅へ向かっていました。

寒い夜で、風が木を揺らし、溝にたまった枯葉が音を立てていました。ありふれた風景が、その夜はとても不気味に見えたのです。

怪談を聞いたり、肝だめしをして怖がり楽しむことは、私にはできないことです。なぜなら幽霊たちと夜中に遭遇しても、私は何も恐くないからです。それどころか、挨拶をし、近況を尋ねたりしてしまう。しかし、この夜はハロウインの独特な雰囲気にのまれ始めていたのかもしれません。

友人のウイールズが住む、美しく古いミルハウスに近づくにつれ、私は怪しげな人の気配を感じていました。

車が並木道に入ると、黒い影が大きく揺れ、気味の悪い気配を感じました。胃はムカムカし、ミルハウスに近づくにつれてひどくなり、着いたころには倒れそうでした。

外気に触れればよくなると思い、急いで車から飛び出したのです。少し気分が楽になり、なんとか持ちなおすことができました。

そのとき私は、気味の悪いハロウインカボチャが揺れているビクトリア調の街灯の下に立っていました。そこはプールの横で、その周りはとても不気味な波長で満ちていて、叫びたいほどの不快を感じましたが、なぜだかそこから逃れることができなかったのです。

「あら、ドリス、どうかしたの。何か変かしら」

私たちを迎えに玄関に出てきたパム・ウイールズの声でようやく足が動きました。

「いえ、いえ、何でもないの」

私は、叫び声をあげたい衝動を抑えながら、

「ちょっと、奇妙な感じがしただけよ。さあ、中に入らせてもらうわ」

と言って、私は家の中に入りました。

その時、灯りに照らされた洒落たプールが、ちらりと視えました。先ほど目にしたプールは灯りがついていません。なぜ、灯りがついたプールが視えたのかしら……。

あとで、その理由がわかりました。

そのプールで事故があったのです。

パムには十九才になる娘サンディがいました。

ある朝のこと、サンディは朝食の最中に何を思ったのか、突然屋根にあがり、そこから空《から》のプールに飛び込んでしまったのです。

パムは凄まじい音を聞き、あわてて外へ飛び出すとプールの底に倒れている娘を発見したのです。サンディはすでに息をしていませんでした。

パムは私が立ちすくんでしまった、例の街灯の下で娘さんの死を目撃したのです。そしてパムは街灯の下で、立ちつくしてしまったのです。――娘のところに駆け寄るべきか、それとも救急車を呼びに電話をかけに行くべきか――足も動かず、声も出ませんでした。

その瞬間のとてつもない恐怖。それが奇妙な感覚として、いまも街灯の下に漂っていたのです。私が感じ取った叫び声をあげたい恐怖の衝動の理由が、パムの話で理解することができました。

こうして、いよいよシッティングが始まりました。

どうして彼女は突然、屋根に登ったのだろう。そして、なぜ空っぽのプールに飛び込んだのだろう。自殺なのだろうか。

しかし、シッティングに現れた彼女は自殺ではないと、言いました。そして彼女はそのとき何が起こったのかを私に視せてくれました。

〈屋根から落下していく途中で、『ああ、どうしよう。プールが空っぽだわ』と思ったのです。私は、おろかにもプールが空だったことを忘れていたのです〉

まったくのミスだったのだ。でも、彼女には精神的な障害がありました。

〈もし、精神状態がまともだったら、あんなことは絶対にしなかったわ。私は恵まれていたのに、憂鬱になっていたんです。一分で世界の頂点まで達し、次の瞬間には、底まで落ちて目から火がでたわ。どうすることもできなかったわ。ドリス、私が馬鹿だったのです。本当に馬鹿なことをしました。やってはいけないとわかっていたのに……。その後、罪悪感で、もっと落ち込んでしまい、もう何がなんだかわからなかったの〉

今は落ち着いてきていて、ママとパパに、あの事件をとても後悔していることを伝えてほしいと言いました。そして、深くため息をつくと、

〈家族に対して、なんてことをしたのだろう。私はもう大人だと思っていたの。でもまったく成長していなかったわ。苦労をしなければならないのに、ぶらぶらしていて、時には怒り、人々を怒鳴り散らしたわ。その時は理性がなかったと、今になってわかりました〉

と、彼女は落胆しました。そのあと、フリプについて彼女は語り始めました。

フリプ？　私は、それが魚だと思って、彼女の両親に尋ねると二人は大笑いしました。

「いいえ、彼女の兄のフィリップのことです。彼のニックネームなんです」

私も一緒に笑うしかありませんでした。

「フリッパーを略したのだと思ったわ。彼女がイルカか何かのペットを飼っていたのかと思ったわ」

サンディが亡くなってから、フィリップは彼女をはっきりと視たのですが、彼は夢だと思っていたようです。サンディはそれが夢ではなくて事実だとわかってほしかったのです。彼女は、妹のキムと友人のジェニー・メイがキムの部屋で彼女について話しているときも現れていたそうです。

〈彼女たちは私の洋服を試着しながら、私のことを話していたの。私は『ここにいるのよ。わからないの。ここよ』と叫んだのに、まったく気がついてくれなかったの。本当にイライラしたわ〉

それから彼女はフランス語で話し始めました。とても流暢《りゅうちょう》であることはわかりましたが、残念ながら一言も理解できませんでした。

〈ドリス、ごめんなさい。自慢するためにフランス語を使ったわけではないのです〉

私がとても困っていたら、彼女は英語で語りかけてくれました。

〈ただ、私が病気でなかったら、どれだけのことができたか、知ってもらいたいのです〉

母親のパムは、娘のサンディがフランス語が得意だったと言いました。

最後に、サンディはウイールズ家でカウンターと呼ばれている台所の調理台に立って、大きな木製のまな板のことを話題にしました。

〈いつの日か、私はその板を叩くの。そしてママに私がそこにいることを気づいてほしいの。だから、いまやり方を習っているところなの〉

パムと一緒に台所に入ると、サンディのいうとおりの場所にまな板がありました。しかし、まな板から音はありません。まだ練習中なのでしょう。

ところがしばらくすると、サンディからのメッセージがやってきたのです。

コンコン。コンコン。

なんとまな板から音がするではありませんか！

〈私よ〉

サンディの声が耳元でしました。

パムは驚いて、そのまな板をながめ、「まあ、あり得ないと思っていたわ」と絶句しました。

「パム、そんなに驚かないで。もう彼女はやり方を習得したわ。だから、色々な場所をノックしてくると思うわ。慣れることね」と私は笑いました。

＊　＊

ニューヨークでのことです。

私たちはあるご夫妻と会うことになりました。この夫妻は交通事故で息子さんを亡くされていました。息子さんの名はグレッグと言います。夫妻が私たちの滞在するニューヨークに訪ねてきて、そこでシッティングを行なうことになったのです。

シッティングが始まると、すぐに若者たちが現れました。一九歳の四人組です。その中の一人が、この夫妻の息子であるグレッグでした。ほかの三人は、サンディー、ジェイミー、クリスと名乗りました。彼らはあちら側へ渡っても、ずっと仲のよい友だちなのだと言います。

シッティングの最中にグレッグは、両親の居間を視せてくれました。壁に大きな鏡が掛かっていて、その脇には、グレッグの写真がありました。

ところが両親のパットとジョンは、首を振ったのです。

「いいえ、それは私たちのリビングではないわ」

「違うそうよ。グレッグ」と私は彼に語りかけました。

〈ううん。そうだよ〉

とグレッグは言います。今度は違う角度から視せてくれました。赤いソファーがこちらを向いて、そこで両親がテレビを見ていました。そのままを両親に伝えると、二人は驚いた顔になって、こう言ったのです。

「ああ。なんてことでしょう。そのとおりです」

両親の目から涙がこぼれ落ちてきました。いま私たちに話しかけている霊は、紛れもなくグレッグだったのです。

グレッグは亡くなったときの状況を話し始めました。

夜明け前で、霧雨《きりさめ》が降っていました。広い道でカーブにさしかかったその瞬間、光と爆発音にグレッグは包まれ、首と背中を骨折、胸を強く圧迫され即死したのです。

彼は、両親にすべての遺品が届かなかったことを悔やんでいました。

〈ぼくの腕時計は、お父さんに持っていてほしかったのに盗《と》られたんだ。給料は銀行から引き落として現金にしたばかりだったのに、それもないんだ〉

グレッグは寂しそうでした。

「そのとおりです。あの子の財布を受け取ったときは、中にはたった一ドルしか入っていませんでした」と母親のパットは言いました。

〈ぼくは、両親に悪態をついてきたんだ。でも今になって、こんなに愛していたと気がついたんだ。お父さんはぼくに大学に行ってほしかったけど、ぼくは自分自身を探すために時間が必要だったんだ。もう少しだったのに、あのとんでもない事故に遭遇してしまったんだ〉

ニューヨークでのシッティングのあと、数週間してイギリスの私のもとに、グレッグの母親から電話がありました。ジョンと私に、また是非、アメリカに来てほしい、とのことでした。その電話の最中、突然、グレッグの声が聴こえたのです。

〈あのね、素晴しい結婚式があったんだ。そしてね、ぼくも参加したよ〉

私は、母親にそのことを尋ねました。

「唐突なんだけど、グレッグが、結婚式に参加したって言ってるわ。とても素晴らしい結婚式だったよって」

すると彼女は、息ができないほど驚いた様子で、こう言ったのです。

「信じられないわ！　グレッグの姉のデブラが先週、結婚をしたんです」

私はその話しを聞いて、思い出しました。最初のシッティングで、デブラとジーン・マークという青年を「友だち以上の関係だよ」とグレッグが言っていたのを。

「もしかして彼女はジーン・マークと結婚をしたんですか」

「なぜわかるんですか。そうです。彼女の相手はマークです」

グレッグはとても家族思いなのです。

＊　＊

ボルチモアでは、テレビ番組の『ピープル・アー・トーキング』に出演しました。男女二人の司会のもとで、霊界からのメッセージを受け取り、それを人々に伝えるという内容でした。メッセージを受け取った人々が感極まって泣き崩れたのですが、司会の二人にはそのことがとんと理解できないようでした。それどころか、そうした状況を不安に感じていたようです。

涙は心が解放されることによって流れる。だから、司会の二人には、たとえ観客が泣いてしまっても、そのためにメッセージを中断する必要はないと事前に伝えてあったのに、観客が涙を流すたびに、「大丈夫ですか。もう、やめてもらいたいですか」と、観客に声をかけてしまいました。

でも観客のほうが、深く理解していて、

「いいえ、私は泣いていません。幸せなんです」

と司会の二人に答えました。

ショーが始まって数分後、少年の声が届きました。名前はミッシェルといい、オートバイの事故で亡くなったと、彼は言いました。

〈ぼくは即死だった。首が折れてしまったんだ〉

私は、ただミッシェルの言葉を観客に伝えるだけでした。すると、観客の中の一人の夫人が、手をあげたのです。

「はい。それは私の息子です」

彼女はすでに泣いていました。私はミッシェルの言葉を続けることにしました。

〈お母さんは、行かないでと言ったんだ。でもぼくは出かけてしまった。ごめんね。お母さんの言うことを聞いていたら、こんなことにはならなかった〉

母親はハンカチを握りしめ、こう言いました。

「それは、真実です。確かにあの時、あの子を引きとめたのです。あの子には行かないでほしかった」

ミッシェルはもうこれ以上母親を悲しませたくなかった。だから、彼はいまでも母親と一緒にいることを証明したかったのです。

「『お母さんはベティと外出しているよ』と、ミッシェルは言っています」

私がそう言うと、

「私の友人のことだわ」と母親は説明をしました。

「それから、お母さんがブラウスを買ったお店にも、ミッシェルは一緒に行ったそうですよ。お母さんはお金を払うとすぐに出口まで行き、『嫌だわ、似合わないわ』と言って引き返したんですね。ミッシェルは、いかにもお母さんらしい、いつも気が変わるんだよ、と言っています」

母親は、ただただうなずくだけでした。

このあと、照明がすぐに移動したため、私はその照明にあわせて人から人へと動き回ることになってしまいました。すると突然、ジェミーという名前と、グリフィンという名が出てきたのです。ところが、その名に観客の誰もが心当たりはありませんでした。スタジオは静まりかえってしまいました。

「どなたか、ジェミーかグリフィンをご存知ないかしら」

と再び尋ねましたが、何の反応もありません。

「あなたを知らないみたいね」と少年に語りかけました。何かの出来事に関連していることは確かなのですが、このスタジオ内の人でないとすれば、テレビを見ている人、あるいは相談の電話をこのスタジオに掛けてきた人なのでしょうか。結局、時間内ではわからず終《じま》いでした。でも、後日、このことが意外な展開を見せることになるとは……。

実は、この番組をある母親が見ていました。その母親には、行方不明になってしまった一八歳になるジェミー・グリフィンという名の子どもがいたのです。

行方不明のジェミーを警察は捜索していましたが、最悪の場合も推測される状況でした。しかし、グリフィン夫人は「必ず息子は、どこかで生きている」と確信していました。多分、息子は記憶を失い、どこかで放浪し、自身が誰だかわからずに混乱しているのだと、信じていました。

彼女はドリスなら息子を発見できるかもしれない、あるいは手がかりになる場所がわかるかもしれないと思い、すぐに警察に電話をして、この事件の解決にドリスの助言を許可するよう掛け合いました。警察もその提案に賛同し、テレビ局から私のもとに連絡が入りました。そして、結局、カメラの前で、グリフィン夫妻とシッティングを行なうことになったのです。私には警察の情報は何も知らされない状況での、テレビ出演です。

それは、非常に難しい企画となりました。というのもグリフィン夫妻がスタジオに到着すると、私には、警察の推測したのと同様に、最悪の結末がわかったからです。

私は若い少年の声をずっと聴いていましたが、結果が結果だけに、それを伝えたくなかったし、ましてや、それがジェミーだとは断言したくなかったのです。何かの間違い、ということもあります。でも、亡くなったのが誰であれ、犯罪現場の詳細が視えてきました。

シッティングが始まると直ぐに、私は川の土手に接近し、そこで突然とまりました。耳元で名前がします。やはり……それは疑いようがないものでした。

「川の名前は Pで始まるわ」と私は伝えました。

「パウダー・リバーのように聴こえるわ。でも少しおかしいわ。近くにはパウダー・フォールと呼ばれる滝があるわ。妙な名前に聴こえるけれど、彼らが言っていることだわ」

「ガンパウダー・リバーとガンパウダー・フォールのことに違いない」とグリフィン氏は言います。

　警察は、確かにこれらの場所が、事件に関与していると考えていました。そして、遺体は二度移されたようで、その場所が視えてきました。

　私に視えるのは荒れた田舎の狭い道。そして、私はその道を歩いています。

「分かれ道にきて、右でも左でも行けるわ。左に行くわ。それから、岩が突き出ているのが視え、下には谷間があるわ」

　グリフィン夫人はそれを聞いて、明らかに動揺しました。

「誰が何を言おうと気にしないわ。息子は生きているのよ。もしあなたが違うと言うなら、私は信じないわ」と言い張りました。夫人は痛々しいほど、心が傷ついていることがわかりました。

「はっきりしたことは何も言えません。私が言えることは、あちら側から伝わってきたことだけです。私が誰と話していようと、名前や名字を受け取ります」と、できるだけ穏やかに述べました。

　あちら側から私と話していた人は、ジェミーのおじいさんとおばあさんのニックネームも教えてくれました。

「推測だわ。まぐれよ」とグリフィン夫人は激しい口調で反論したのです。

「彼はまた、アトランティク・シティと言っていますが」

「そこは、私の車が発見された場所です」とグリフィン氏が言います。

「ジェミーは、教会の集会に行くために私から車を借りたのですが……。ジェミーは二度と戻らず、捨てられた車は、その後発見されたのです」

「それから、マイケルという名前を言っています」

「あの子と一緒にいた少年の名前です」

「少年たちは男性に会いに行く途中で、口論になったと言っています」

その時、グリフィン夫人はついに怒りをこらえきれずに言いました。

「はい、でもあの子は記憶喪失になったと言っているじゃないですか！」

私はそこでシッティングをやめました。

夫人は、自分の仮説を証明するためだけに私を呼んだことがわかったからです。彼女は、真実を知りたがらず、私が彼女の仮説を支持できなければ、彼女は耳を傾けないのです。彼女は心を開く準備がまだできていないことがはっきりしました。その彼女に、真実を押しつけることは酷でした。

昔、夫のジョンがパラシュートでアルンヘムに落下する際に行方不明となり、死亡がほぼ確定とされた時を思い出しました。あるミーディアム（霊媒）に、彼は確かにスピリットの世界にいると言われ、私は強く打ちのめされたのです。しかし、それは間違いだったのです。彼は生きていたのです。

「ごめんなさい。力が弱まりました。とても疲れたわ。今日は、これまでにしましょう」と、私は言い、シッティングを終了しました。

番組もこれで終了し、スタッフが仕事仕舞《じまい》いを始めました。

グリフィン氏は何も言わずに、私を長い間じっと見つめていました。そしてそばに来ると、私の肩ですすり泣いたのです。一方のグリフィン夫人はとても冷静で、髪を直し、洋服を整えて立ち上がりました。

「息子は生きているわ。誰が何を言おうと気にしないわ。あの子が生きているのはわかっているのよ」と、彼女はお悔やみを言いに寄ってくる人にそう反論していました。

この事件はこれでお終いにしようと思っていたのですが、担当刑事から電話があり、引き続き協力してもらえないだろうかと、言われました。私があちらの世界から得た情報は、事実を証明するのに充分なものだったからです。

「あなたがテレビで述べたのは、内密の名前でした。私と上司以外は知らない名前だったのです」

彼によれば、自分も遺体が動かされたと信じており、私が述べた場所で浅い墓穴を発見したが、なにもなかったとのことでした。彼は、分かれ道になっている場所も知っていました。

「ぼくには、正確な場所がわかります。重要なことですが、もし、その場所にあなたをお連れしたら、もっと詳細な情報を得られますか」

「ええ、多分。でも、約束はできないわ。うまくいく場合もあれば、だめな場合もあるから」

最後に彼は、「結果はどうであれ、試すべきです」と私を説き伏せました。そして結局、あの家族と一緒に行くことになりました。

ところが問題が発生しました。

私が事件現場に出向くことを新聞社が聞きつけ、私たちと同行したいと警察に連絡をしてきたのです。警察はいったんはそれを断ったものの、強制的に阻止できませんでした。

「ドリス、警察は彼らをとめることはできません。ここは自由主義国家で、誰でも、どこにでも好きな場所へ行く自由があります。新聞社が来ますが、どうしますか。すべてはあなた次第です」

私は板挟みの状態でした。もし私が拒否をすれば、彼らは私についての悪評を掲載するだろうし、許可をすれば、今度は警察は動揺し、家族も大変な目に遭うことが予想されました。

以前にも、報道機関が同行したおかげで、被害者の母親が大変なことになってしまったことがあったからです。よかれと思ってしたことが、逆の結末になることもあるのです。苦い経験でしたが、たくさんのことを学ばせてもらいました。でも、同じ間違いは二度と起こしたくはありません。

私には何ができるのか。どうしたらよいのか。私の心は揺れ動きました。

すべてを解決してくれたのは夫のジョンでした。

「行くんじゃない」と彼は言ったのです。

「とっても簡単なことだよ。もし行かなければ、記者は君を非難できないし、両親だって見せ物にならずに、君を責めはしないよ」

私は行くのをやめました。この件に深く関わっている人々には真実を話し、そのほかの人には、健康上の問題だと伝えました。

この事件は未解決のままです。警察は私の手助けを期待していて、帰国後もその件に取り組めるようにと、ロンドンの自宅まで詳細な地図を送ってきました。

私はその地形図を見て驚きました。急峻な地形が描かれてあったからです。行かなくて正解だったかもしれません。いや、行ったとしても、現場にはたどり着けなかったでしょう。女の足では、とても行けるような場所ではなかったのです。

＊　＊

子どもを亡くした親は、罪の意識を抱くことが多い。

なぜ子どもを死なせてしまったのか、死の原因を何度も何度も振り返る。ささいなことでも、重大なことのように受け取ることも多く、尋常ではありません。でも、それは仕方がないことなのです。誰も親を責めることはできないのです。私がマイケルを亡くした時も、同じでした。子を亡くした親に「立ち直れ」と言うのは酷なのです。彼らには理解と愛情と安堵が必要なのです。

息子をガンで亡くしたクリーガー夫妻の場合もそうでした。息子のスコットは二十一才の時に悪性のほくろができました。これは誰の責任でもありません。でもスコットの母親は子どものころの食事が間違っていたのでは、と自身を責め、父親は欠陥のある遺伝子を受け継がせてしまった、と責めていました。

やってきた二人を見て、父親は霊界や死者の霊といったものに何も興味がなく、ただ妻を喜ばせるだけのために、私のもとを訪れたことがわかりました。彼の不信感と疑いの波長は部屋中に広がっており、そんな中でシッティングに集中することはとても難しいものがありました。

まず、これを解決しなければ次につながらないと思い、

「彼（父親）について教えてもらえますか」

とスピリットワールドへ尋ねると、

〈彼は弁護士だ〉

との答えが返ってきました。

私はクリーガー氏に微笑みながら、

「クリーガーさん。あなたが、スピリチュアルな現象を信じないことはわかります。しかし、私にはあなたが弁護士であるとメッセージが届いています。スピリチュアルな世界から知らされたこのメッセージは正しいですか」

と言うと、彼の表情が見る見る変わり、震えだしました。

「ええ、そう、そうです。しかし、それがスピリチュアル世界からのメッセージだという証拠はない。もしかしたら妻のウイルッシュがあなたに伝えることができたはずだ」

確かにそうです。彼の言うことは正しい。でも、クリーガー氏はもしかしたらと、多少、スピリチュアル世界への疑問の目は和らいだようにも思えました。

「では、そのことについては気にしないでください。これからスコットを捜して、あなたを納得させることができるか、やってみましょう」

私は再びチューニングをすると、スコットはすぐにやってきました。黒髪に澄んだ肌、そして深い青い目をしたとてもハンサムな少年です。

「まぁ、なんて、ハンサムな少年なの」

私は思わず大声を出してしまいました。

「はい」と、彼の母は息を飲み込み答えました。

スコットは両親と、妹のリサとガールフレンドのエイプリルのことが気がかりなようでした。

スコットは、穏やかな芸術家タイプで、実際に、ある種の芸術に熱中していたようです。それがどういう種類のものなのか、私にはまったく理解できませんでした。

「それはあなたの趣味なのかしら」と、私が彼に尋ねると、

〈いいえ、ぼくの仕事でした。リサと一緒にやっていました。ぼくがデザインとカットを担当し、絵を描くことは交代で行ないました〉

どんな仕事なのだろうか。まだ私には理解できません。スコットの両親ならわかるかもしれない。そう思って、スコットの仕事のことを両親に尋ねました。

「ああ、私たちにはわかります」

彼らにわかれば、それで十分でした。

「それは、よかった。スコットはそれから、『一本のバラがあります』と言っていますが」

と両親に伝えると、今度は、

「いいえ、バラはないです」と、両親は否定しました。

「では、彼が病気のときか、お葬式のときにバラを一本あげましたか」と尋ねました。

彼らは再び首を振ります。

「スコット、ごめんなさい。バラが何のことだかわからないわ」と言うと、彼はなおもバラのことを伝えてきました。

「ええ、でもご両親は思いつかないようよ。あとでわかるかもね」

しかし、スコットは話題を変えたがらず、仕事の話しをやめようとはしませんでした。

〈今日の記念として、ぼくの作品の一つをあなたに渡すように両親に言ってください〉

「だめだめ、私には言えないわ」

〈いいえ、言えます。ぼくはあなたに何か持っていてほしいのです〉

「でも、私には言えないわ」

するとスコットの母親が、話に割って入ってきました。

「ドリス、何を言うことができないの」

「ええ……。でもとてもずうずうしいことだわ」

私はためらいながらスコットが言ったことを両親に伝えたところ、彼らはその提案を快く受け入れてくれました。

「なんて素晴しい考えでしょう。あなたに、あの子の仕事の一部を記念品として持っていただき、スコットのことを思い出してもらえるなんて、とても嬉しいわ」

と、クリーガー夫人が言いました。でも私は少々不安でした。彼の「芸術作品」がどんなものか想像がつかなかったからです。

「でも、彼は何をしていたのですか。実物大の象のようなものを彫刻していたのかしら。私にはちょっと理解できないので」

すると、スコットの笑い声が聴こえ、スコットがその作品について説明を始めました。

〈ドリス、そんなものじゃないですよ〉

と、再度説明してくれたのですが、エスとケイの発音しか聴き取れませんでした。戸惑っているとクリーガー夫人が助け船をだしてくれました。

「ドリス、そうじゃなくて、彼の芸術作品というのは、昔の船乗りたちが航海の合間に作っていた工芸なのです」

ちょっと安心した。私の理解が正しければ、それは象牙を細工した彫刻で、色を付けて、差し込むものだ。

「スコットの作品の何点かは、博物館に展示されています。でも、あと数品しか残ってはいないのです」

シッティングは続けられ、スコットは家族や友人たちの多くの名前を伝え、それから父親と過ごした楽しかった休暇について話しをしました。

〈ぼくたちはニュージーランドへ行き、とても素晴しいときを過ごしました。ぼくたちはパル（仲間）と呼び合うほど、仲がいいんですよ〉

スコットの言葉を伝えると、父親はとても動揺しました。

父親は窓のそばに立ち、庭をじっと見つめていました。

「パル……」

父親は、スコットが伝えたそのひと言で確かに彼がいまだ自分たちのそばにいることを確信したのです。

数日後……。

スコットの妹のリサが、赤いリボンのついた美しいペンダントを持ってきました。それはクリーム色の象牙を赤いバラに仕立ててありましたが、花びらの一枚一枚が、驚くほど精密で完璧でした。そこにはクリーガー夫妻からのメモがついていました。こう書いてありました。

「スコットの遺品から、この赤いバラを見つけたとき、彼があなたに話していたバラに違いないと思い、あの子があなたに持っていてほしいのだと確信しました」。

私はそのバラをどうしたらいいのか迷いました。ペンダントとして身につけるべきか、それともいつも見えるように、展示すべきなのか。身につけるのなら、それ以外のときは鏡台の引き出しの中にしまっておくだろう。結局、今はスピリチュアルの子どもたちの壁のわきに掛けてある。

Chapter 6／障害をもって生まれてきた子どもたち

「我が家に勝るところはない」と言いますが、そのとおりです。ジョンと私はアメリカで、広大な庭付きの美しい家に滞在していました。使用人もいてなに不自由のない生活でしたが、どこか落ち着きませんでした。

アメリカから英国へ帰国した私たちを待っていたのは、いつもながらの小さなアパート。そう、ここが私たちの「我が家」です。ここが私たちにとっては一番です。

窓から外を見ると、伸び放題の芝生が、反対側のアパートをふさいでいました。でも、やっぱりここが「我が家」なのです。

私はどういうわけか機内では眠ることができません。ですから時差ぼけと睡眠不足のために、家についたとたん、真っ先にベッドにもぐり込み、眠りました。

すっきりして目覚めた私は、バッグの中からスピリットワールドの壁に貼るたくさんの新しい写真の束を取り出し、テーブルの上に広げました。

スコット、グレッグ、そしてマークにサンディにベッツイ。

まず、サンディとベッツイを並べ、彼女たちの若い顔に自暴自棄の印《しるし》が出ていないか調べましたが何も視えませんでした。彼女たちを死に追いやった苦悩は、カメラでは捕らえることができなかったようです。

〈あんなことをするなんて、頭が正常のはずがないわ〉とベッツイは言っていました。

〈もし、正常な精神力があれば、あんなことはしなかったわ〉とサンディは泣いていました。

かわいそうな二人の女の子は病気には見えず、周囲の人々からは理解されませんでした。

人々の想像よりはるかに多くの人が精神的な病をかかえていて、理解されず、処置されずにいると思います。熱が出たり、咳が出たり、あるいは体の痛みに対しては、病気と認めるのに、精神が風邪をひいたり、熱を出しても、周囲の人々はなかなか受け入れてくれません。

エピソード1で紹介した、無視をされると衣服を脱いでしまった幼いポールのような子たちは幸運なのだと思います。ポールは精神の発達が遅れていましたが、周囲の人は彼の状態を理解して、好意的に接することができたからです。誰もポールには過剰な期待はせず、なにかを成し遂げたときは、大いに驚きました。ポールも伸び伸びと成長し、なによりも両親のジーンとスティーブから愛されていました。

シッティングの際、ポールの祖父のジョセフが最初に語りかけてきました。

〈ポールは赤ん坊の時にひきつけを起こし、話すことが出来なくなった。そして、両親であるジー

ンとスティーブは彼が意識不明のまま亡くなり、別れが告げられなかったことを悩んでいる〉

私はこれを母親のジーンに伝えると、そのとおりだと言いました。

「心配する必要はありません。ポールは何も知らずに、別れを言う必要がありませんでした。彼は遠くには行っていません。彼はまだあなたと一緒にいますよ」

これを伝えているあいだ、ポールは離れたところで笑っていました。そして、こう言いました。

〈うん。それでね、サラはぼくの貯金箱からペニーを取り出したんだよ〉

「そうよ！」とジーンは叫びました。

「サラはポールの妹です。ポールが亡くなり、二、三日後に『ママ、ポールはもうお小遣いがいらないでしょ。だったら、もらってもいいかしら』と頼んできました」

〈彼女はテディベアーと一緒に寝ているよ〉とポールは付け加えました。

それを聞いて、ジーンとスティーブは顔を合わせました。そのとおりだったからです。ジーンは笑顔になっていきました。

ポールはまだおしゃべりしています。というのは、あちら側で彼は自由に声を出すことができます。そして、なによりおしゃべりが大好きだったのです。

ポールは、パパが彼の写真横の花瓶に一輪のバラをさしてくれるのが好きだと言い、二月が大事だよ、とも言いました。

ジーンはそれを聞いて、うなずきました。

「あの子は十四日に亡くなり、二十四日は五回目のお誕生日になる予定でした」

〈これを見て。ぼくたちのお家だよ〉

私はポールに誘われて、その家に行きました。玄関を通り抜け、階段を上っています。

〈新しい階段用のカーペットがあるでしょう〉

二階に上がると右に曲がり、浴室へ。私はそこにある鏡に向かっていました。

〈ここは最高のお部屋なんだ〉とポールは言いました。

彼の両親に説明すると、ジーンは、

「そうです。すべての壁に鏡のタイルを貼ったのです」と言いました。

「ジーン、よく聞いて。ある日、あなたがそこを歩くと、ドアに面している鏡にポールの顔が映るでしょう。あなたに微笑みかけているポールを実際に見るわ。でも驚かないでね。ただ『ポール、こんにちわ』と言い、対話をすればいいわ」

と私はジーンに言いました。

ジーンとスティーブは、私の話がとても信じられないようでした。でも、いつかポールがおじいさんの手助けで、このことを行なうので伝えておく必要があったのです。

ジーンはその浴室はポールにとって特別な場所だったと言いました。

「あの子は、毎晩あの浴室で過ごしたんです。お風呂が大好きで、とくに水をパチャパチャやっている鏡の中の自分の姿を見ることが大好きでした。それがお気に入りのゲームの一つで、ポールがとても喜ぶので、私たちはみんなそれを楽しみました」

〈ぼくは自動車で出かけることも好きだったんだよ。新しい自動車に乗って、窓から色々な物を見ていたんだ〉

「ええ、そうでした」とジーンは言い、夫を振り向きました。

「ねぇ、私はあの子が新車を買ったことはわかっていたと言ったでしょう。みんなが思っているより、あの子はずっと利口だったのよ。古い車と新車の区別ができると確信していたのよ」

シッティングは続きましたが、若夫婦に伝えようと、あちら側のたくさんの親戚の人たちがやってきたため、私の注意がポールからそれると、彼は服を脱いでしまったのです。

父親のスティーブは、それまでシッティングに疑いを抱いていましたが、ポールが服を脱いでしまったことを伝えると、シッティングを確信したようでした。ポールのそのような変わった習慣を、私が推測することは不可能だと思ったようです。

シッティングのあと、ジーンとスティーブは息子について話してくれました。

とても幸せな息子で、幼くして逝ってしまい非常に寂しく思っていました。両親にとって彼が知的障害者だったことは少しも問題ではなく、彼らは一人の子どもとして可能な限り愛情を注ぎました。実情をよく知らない人たちは、彼がいなくなりほっとしただろうと言いましたが、それは大変な間違いです。ポールには障害はありましたが、家族の中で、特別な役割を持っていたのです。

数日後、両親からシッティングのお礼の手紙が届きました。封を切ると、蝶の形をした小さなブローチがありました。

「どうぞ、ポールの思い出としてこのブローチを受け取ってください。私たちはあの子のことを小さなチョウチョと思っているのです」

私の目から涙がこぼれました。なんて見事にあの子を描写しているのだろう。鮮明で美しく、輝きながら一瞬の間に逝ってしまった。本当に蝶のようでした。

ポールが望まれていた子どもだったことは間違いありません。

障害があって生まれたというだけで邪険に扱われてしまう子どもがいることを思うと、ポールは幸せだったと思います。

＊　＊

私は四十代で念願だった看護士の資格を取り、精神病院で勤務したことがあります。

そこは新しい病院でした。スタッフが不足していたこともあり、経験が浅い私も戦力の一員と見なされていました。

ある日のことです。

婦長がベッドのそばで赤ん坊を抱いて立っていました。私の姿を見つけると、こちらに来るようにと目で合図されました。

私は、覚えたばかりのきびきびした看護士の歩き方で、彼女の元へ行きました。

「こんにちは。私は看護士のストークスと申します。婦長の手伝いをするために来ました」と挨拶しました。

彼女は、一、二秒私の目を見つめ、笑いながら、

「ああ、良かったわ。では、この子。名前はナイジェルよ」とその赤ん坊を私に手渡したのです。

私が赤ん坊を好きなのをみんな知っていました。さっそく赤ん坊を託されたことを私は喜びました。

赤ん坊を腕に抱きました。幼いナイジェルの美しい小さな顔。ナイジェルは青い目でじっと私を見つめています。ナイジェルの頭部に布がかぶさっています。とても不釣り合いなその布を見て、私は無意識に微笑んでしまいました。そして何気なくその布を持ち上げた瞬間、胃が飛び出しそうになりました。なんと、そこにはもう一つの頭があったからです。

私は気絶しないように、唇を強く噛みました。婦長は私をじっと見つめています。

私は深呼吸をし、

「なんてかわいい小さなお顔なの」と気を落ち着かせて言いました。

婦長は微笑みを浮かべ、

「そうでしょう。では、続けてくださいね、看護士さん」と私が気絶しなかったのを見届けると満足し、そそくさと行ってしまいました。

ある朝、一人の看護士がやってきました。

「あなたが新人看護士でしょ。さっそくだけど、特別室に新しく入った赤ん坊に離乳食をもって行ってください。気をしっかり持ってくださいね。私はもう少しで気絶しそうになったくらいですから」

と彼女はぶっきらぼうにそう言い、私の質問を遮るようにして彼女は立ち去ってしまいました。

私は不安と共に離乳食を準備しました。この地球上で、かわいそうなナイジェルよりもひどい赤ちゃんがいるのか。私は気が動転していました。

「ストークス看護士！」

すぐ近くで婦長の声がします。

「準備が整ったら、特別室の新しい赤ん坊に会いに行きますからね」

私は離乳食をもって、婦長のあとについて行きました。特別室が近づくにつれ、心が乱れていました。特別室のドアを開けると、赤ちゃんがいました。

彼女は超未熟児で脊髄水腫でした。頭部はとがり、骨には肉がついていません。両手足からは皮膚が垂れ下がっていました。

私はつばを飲み込みました。気絶することはありませんでしたが、心は激しく痛みました。

その日私は、ショック状態のまま帰宅し、悩みました。

病院の赤ちゃんたちは、生まれてきたこと自体が残酷なように思えたのです。こんな状態で生き延びるより、出産時に天に召されたほうが良かったのだろうか、とも思いました。

その当時の私には、そうした赤ちゃんたちの生まれてきた意味がわかりませんでした。今では、どんな子どもであっても、意味を持って生まれて来ていると知っています。そして、確実に言えることは、彼らは愛されており、不幸ではないということです。

病棟には、心身に障害をもった子どもたちが大勢いました。障害の重い子は、私たち看護士の言葉に反応することはなく、ナイジェルも特別室の赤ちゃんも同じでした。でも看護士たちは、そうした子どもであっても、この子は誰に一番反応するか、看護士の中で誰が一番好きかと話しました。私たち看護士はそう思いながら、看護にあたったのです。

＊　＊

ジェラルディーンは自動車事故で、目が見えなくなりました。不思議なことに彼女には、傷跡が一つもありませんでした。

毎朝、私は彼女をくすぐったり「かわいい娘は誰でしょう。ジェラルディーン」とあやすと、彼女は決まって声を立てて笑う明るい子でした。

彼女はとても小さい時にやってきました。よくしゃべる子で、私たちの仕事を子どもなりにですが、手伝ってくれました。

でもジェラルデイーンは、どういうわけか自分自身で目を叩くのです。目が見えないことへの不満なのでしょうか、その原因はわかりませんでしたが、ともかく自分自身を傷つけるのです。

それを防ぐために、彼女は頻繁に手を縛られていました。私は、彼女が手を縛られているのを見ると、心が痛みました。腕や手が痛いばかりか、自由も奪われてしまうからです。

彼女が不憫《ふびん》で、就寝時に私が服を脱がせるときは、縛られている紐をほどいていました。でもすぐに目を叩いたりするので、私は彼女の気をそらすために、腕に頭を乗せさせたり、お話をしてあげました。

「ジェラルディーン。あした小包を持ってきてあげますね。その小包に、さて、何が入っているでしょう?」

ジェラルディーンが元気に答えます。

「リンゴ!」

「ほかには?」

「オレンジ!」

「ほかには?」

「チョコレートケーキ!」

彼女と私は、こんなふうに小包ごっこをいつも楽しみました。彼女はどんどん状態がよくなり、やがて帰宅の許可がおりて、しばらく自宅に帰っていたのですが、どういうわけか、また病院に戻ってきてしまったのです。彼女の状態はとても悪化していて、二度と話さなくなってしまったのです。

四、五歳のアンソニーは水頭症で頭がふくれ、体は小さかったのですが、おむつが濡れていたり、お腹が空くとむずかり、話しかけると微笑んでくれました。

私は、この子どもたちが大好きでした。世話や看護をすることは苦痛ではなく、本当に楽しいと思いました。

彼らには、一般の人が思っている以上の可能性があることを看護士たちは身近に接していて感じていました。また、それが私たちの希望ともなりました。

病院の子どもたちに平等に接しているつもりでしたが、なんとなく気になる子どももいます。私にとってその子は、痙攣性脳性麻痺のパッツイ・ケリーでした。彼女は歩くことができません。痙攣が起こると、自分の手で喉を締め付けるので、両手を布で縛られていました。でも、彼女はとても愛らしかったのです。

「悪い子は誰でしょう。怒りますよ。悪い子は誰ぁれだぁ」と、私が叱るふりをすると、彼女は喜んで、涙を流して笑いました。私の言葉の意味がわかっているわけではないのです。それでも、彼女はその言葉に何かを感じ取り、くったくなく笑っていたのです。

ある日、私たちは子どもたちを散歩に連れ出す準備を庭でしていました。出かける前に全員をトイレに連れて行くので、時間がかかります。全員のトイレがすむまで、みんなは廊下で待つことになります。

さて、全員のトイレがすんでいざ出発という段になって、シャロンのニッカーパンツが、びしょびしょに濡れているのに気が付きました。

私は彼女を抱き上げて部屋に戻り、着替え用のテーブルで替えのパンツを履かせました。「悪い子は誰？　誰ですかぁ。ニッカーを濡らしたのはだあれ。叱られているのはだぁれ」と、私が手を動かしながら言うと、シャロンはニコニコして、笑いだしました。その屈託のない笑顔。私もつられて笑いだしてしまいました。

私の笑い声が大きかったのでしょうか、廊下で待っているみんなにも聞こえたようです。歩けないはずのパッツイ・ケリーが突然顔をほころばせ「わるいこは、だあれだぁ」と歌い出しながら、ヨチヨチと歩きだしたのです。

それは信じられない光景でした。

ある日、今度はシャロンが私を驚かせることをしました。

彼女は茶色の縮れ毛の、青い目をした五歳のかわいい少女でした。生まれてからずっと病院で生活しています。彼女にとって私たちが家族でした。彼女は一度も話したことがありません。ですから看護士たちは、彼女は話せないものだと思っていたのです。

その彼女が、ほかの数人と共に風疹にかかった時のことです。発病した子どもたちは隔離室へ移されます。ほかの子どもへの感染を防ぐため、厳重な予防措置がとられました。

隔離部屋に移された子どもたちは、何もすることがありません。ベッドで横になっているだけです。私が隔離部屋の当番になった日は、歌を歌って子どもたちを元気づけました。と言っても、私はひどい音痴です。でも具合の悪い子どもたちは私の歌を楽しんでいました。ベッドからベッドへと、子どもたち一人ひとりに別の歌を聞かせて巡りました。シャロンには『He wore a tulip』という短くて楽しい曲を選びました。

♪

彼はチューリップをつけた。
明るい、黄色のチューリップ。
彼女は赤い、赤いバラをつけた。

♪

私が歌うと彼女の目は大きくなり、夢中になって聞いていました。
二、三日たって再び私の担当日となりました。私はいつものように子どもたちのベッドを巡り、歌を歌います。
シャロンのベッドに来ました。私が歌い始めると、彼女はベッドの端に来ようと体を起こし、私の目を食い入るように見ています。私が歌をやめると、彼女は私の顔を触って、もう一度歌って、と催促しました。
彼女は、この遊びがことのほか気に入ったようです。何度も催促しました。

そんなある日のことです。いつものように彼女のベッドの傍《かたわ》らで、私は歌い出しました。

♪

彼はチューリップをつけた。
明るい、黄色のチューリップ。
彼女は……

と、そこまで私が歌ったところで、小さな歌声が聞こえてきたのです。

ウエッド、ウエッド、ウォズ。

私はハッとしました。確かにそれはシャロンの声です。でも、彼女は今まで一度も声を出したことがないのです。でも、確かに聞こえた。でも……、空耳《そらみみ》かもしれない……。
私はそう疑い、もう一度声を出して歌いました。

♪

彼はチューリップをつけた。
明るい、黄色のチューリップ。
彼女は……

……

私は少し間をあけて、シャロンの歌声を待ちました。

ウエッド、ウエッド、ウォズ。


ああ、確かにそれはシャロンの声。

「シャロン、あなたはなんて賢い娘なの！」

私は思わず叫んでしまいました。そして私は彼女とのデュエットを何度も楽しみました。

「婦長、来て、これを聞いてください」

病室の向こうに婦長の姿が見えたので、私はあわてて呼びとめました。

「シャロンが、言葉を出したんです！」

「馬鹿なことを言わないで」

隔離室に入ってきた婦長は信じません。

「この子は生まれてから五年間、一言も話さないのですよ」

「では、聞いてください」

私は『He wore a tulip』を歌いました。そして、途中で間をあけシャロンの歌声を待ちました。

ウェド、ウエッド、ウォズ。

婦長と私はうっとりしてシャロンの歌声を聞いたのです。

その歌は、シャロンのお得意となりました。彼女は話すことはありませんでしたが、『He wore a tulip』だけには、声を出して歌ったのです。

＊　＊

子どもたちの可能性は、私たち看護士や両親を驚かせます。とくにめったに子どもに会いに来ない親は、我が子の「変身ぶり」に目を見張るものです。

シルビアという名の小さな少女のことをお話しましょう。彼女が病院に運ばれて来た時はとてもひどい状態でした。母親に何があったのかはわかりませんが家を出ていってしまい、父親は仕事へ行くため、彼女を年老いた親戚に預けたのです。でも、その老夫婦はとても子どもの面倒を見ることができず、これまでほったらかしの状態で育てられたのです。ひどく発育が遅れていました。

ソーシャルワーカーがシルビアを保護したとき、すでに彼女はぼろぼろでした。私は、彼女が連れて来られた日のことを決して忘れません。あんなにひどい状態の子どもは見たことがなかったからです。

髪の毛は犬小屋の汚れた毛布よりも汚くて、何年も洗っていないのがわかりました。栄養失調で痩せた体、今まで生きてこられたのが不思議なほどでした。

私たちはまず、彼女を入浴させることにしましたが、入浴に慣れていなくて、水を極端に恐がりました。叫び声をあげて暴れるので、二人がかりでようやくお風呂に入れました。

しかし座ることが怖いようで、しかたなく立ったまま、頭や体を洗うことになりました。

楽しい三十分の戦いのあと、ついに痩せたびしょ濡れの小さな生き物が、お風呂場から出てきました。かわいそうに、濡れたネズミのようでしたが、とてもきれいでした。

「こっちにいらっしゃい。さあ、何か食べましょう」

私はそう言って、彼女の手をとり、テーブルに座らせました。ところがシルビアは食べ物を前にしてどうしていいのかわからないのです。

彼女はこれまでテーブルで食事をしたことがなかったのか、あるいはあまりにも昔のことで思い出せないでいました。老夫婦の食事は、甘いお茶にパンを浸していました。シルビアもそれに習っていました。

シルビアにとってそれまでの生活習慣を変えることになるので、とまどいがありました。それに、どうしてこれまでの生活を変える必要があるのかと、理解できませんでした。

そんなシルビアでしたが、病院での生活に慣れ、徐々に落ちついてきました。規則正しい生活をするにつれ、彼女は輝きはじめ、とても美しい女の子であることがわかってきました。つやのある黒髪。淡いピンク色の張りのある肌。驚くほど美しくて深い青色の瞳。

シルビアがやってきてから数ヶ月が過ぎたころ、父親が面会に来ることになりました。私はシルビアのためにブルーのかわいらしいワンピースとリボンを買いました。

いよいよ面会の日です。ブルーのワンピース、つやのある黒髪にリボンを結んであげました。こうして見ると、彼女は本当に素敵です。

「かわいい女の子は誰でしょう。食べちゃいたいくらいにかわいい女の子は、だぁれ」

私がそう言うと、シルビアはえくぼの笑顔を見せてくれました。

私たちは手をつないで、面接室のある部屋へ向かいました。看護主任のいる部屋をノックして、これから面接室へ向かうことを告げました。私は、シルビアの父親の顔を知りません。

面接室は玄関ホールの向こう側にあります。

玄関ホールに入ると、見知らぬ男性が一人立っていました。私たちが来たことに気が付いたようですが、知らぬ顔で立っています。別の人を待っているようでした。

面接室をノックして中に入りました。誰もいません。まだ父親は来ていないようです。

私もシルビアもちょっとがっかりです。父親が来るまで、私はシルビアを膝の上に座らせ、物語を聞かせることにしました。

しばらくすると、玄関ホールから声が聞こえてきました。

「シルビアはどこ。ストークスはどこ。確かにこっちに向かったはずですよ」

先ほどの看護主任の声です。すると、

「いいえ、会っていません」

と男性の声がします。

しばらくして、面接室のドアが開き、見るとそこには、看護主任と先ほど玄関ホールで見かけた男性が立っていました。

「あら、まあ、ここにいるわ」

と看護主任が言いました。

ドアのところに立っていた男性は、口を開けてシルビアを見ています。なんと実の父親が美しく変身した我が子がわからなかったのです。

シルビアはその後、画家になりました。

私が病院を辞めてから何年か後に、素敵な絵を送ってくれて、私の宝物の一つになっています。

＊　＊

この病院にいる障害をもった子どもたちの寿命は短い。それは看護士として働いていた時からわかっていました。でも、やはり子どもたちの死は、私をひどく落ち込ませました。しかも私には死の時期がわかっていましたので、とくに辛いものがありました。

パッツイ・ケリーも若くして人生の幕をおろしたひとりです。

ある午後のことです。すでにパッツイは意識不明の状態にあり、二十四時間体制で看護されていました。私は直接彼女と接することが出来ませんでした。

私は、せめてパッツイの病室の近くにでも行きたいと思い、病室近くにある看護婦長室へ伝言の用件をもって行きました。看護婦長室でしばらく話をしたあと、パッツイの部屋の前を通りかかると、担当の看護士が出てきたのです。

「やっぱり、ストークスだったのね。びっくりすることが、今あったんですよ」

と興奮して言うのです。

「婦長とあなたが話している時に、パッツイにあなたの声が聞こえたのです。誓って言います。ずっと意識がなかったのですが、あなたが話しを始めると、彼女は目を開け、にっこり笑い、体を起こそうとしたのです」

私はパッツイを見ました。もう最期の時がすぐそこにやってきていることがわかりました。動くこともできない昏睡状態の彼女が目を開けたなんて……。

「こんにちは、パッツイ。いかがですか」

私は彼女にささやきました。彼女は静かに目を閉じたままです。すると、スピリットの声が聴こえました。

〈パッツイを迎えにきました〉

「もう、パッツイはながくはないのですね。看護士さん」

私は溢れる涙を担当の看護士に悟られないように、病室をあとにしました。死に直面している患者さんの前で、看護士が涙を流してはいけないからです。

数時間後にパッツイは亡くなりました。十四才でした。

葬儀でパッツイの顔を見たときは、あまりの美しさに、逝かないでほしいと願ったほどです。それが自分自身の勝手な考えだとわかってはいても……。

「パッツイ、もう、安らかなのね」

私は彼女に最期のお別れにと声をかけました。

今はあちら側で親戚の人々と幸せにしています。


病院での仕事は悲しいことばかりではありません。

意外に思われるかもしれませんが、私の場合は楽しみや笑いのほうが多かったと思います。

私が当番の時は、お茶のあとに病棟でホッキー・クッキーと言う面白いゲームをやったり、お天気の良い日は、外庭でドングリ拾いのゲームをしたりしました。

子どもたちの知的水準はバラバラでしたが、何の問題もありませんでした。賢い子を最も障害の重い子の隣りに座らせると、互いに助けあってゲームにチャレンジしました。

子どもたちの忍耐強さ、助け合いの精神、仲間意識はうらやましいくらいでした。目の見えない子どもが、からかわれることは決してありませんでした。転びそうな場所、ぶつかりそうな所は事前に誰かがそれを知らせました。

病院なのに、とても病人とは思えない人もいました。ある女性は、すでに何十年とこの病院にいます。なにが原因でいまも入院しているのか、看護士たちは誰もわからないのです。なにか家庭の都合で（私生児を身ごもったという噂）家族から引き離されてしまったのですが、彼女は病院にいることに幸せを感じているようでした。個室で暮らしていたのですから。

ながく病院にいるので、新米看護士などよりよほどいろいろなことを知っており、教わりに行く看護士もいるくらいです。

他の患者さんも、特技や特殊な能力をもった人が多かったように思います。

洗練されたバスケット作りの名人。

編み物に天才的な能力を発揮する二人の少女。どんな複雑な絵柄もパターンもたちどころに編み上げてしまいます。看護士たちは自分の編み上げ途中のものを持っていっては、アドバイスを受けていました。

もちろん、ほとんどの患者さんは特殊な能力があるわけではありません。

そんな中で、能力ではありませんが、こだわりの気持ちを強く持った少女がいました。名前はエミリーといいました。かわいい小柄な少女です。

彼女がこだわっていたのは帽子とハンドバッグで、コレクションに没頭していました。私も帽子とハンドバッグを彼女のために集めました。集めた帽子とハンドバッグを身につけて、廊下を歩くのが彼女の趣味です。何度も行ったり来たりし、十分満足すると病室へ戻り、帽子とハンドバッグを変えて、また廊下を歩くのです。

誰に迷惑を掛けるわけでもなく、彼女はそれをとても楽しみにしていました。

病院には、ダウン症の子どもたちも大勢いました。彼らは楽しく、とても元気で、情愛も深いものがありました。私たち看護士のカップを洗ってくれたり、長い一日の後には、足をもんでくれることもありました。みんな音楽が好きで、一般のダンスのレッスンを受けていました。そして月に一度、年長者は外部からのバンドを呼んで、本格的なダンスを楽しみました。これは、彼らにとっては一大イベントでした。

女の子は長いイブニングドレスを作り、看護士らがお化粧をしてあげました。お化粧を終わった女の子は自慢げに、そしてみんなに見せるために、そこら中を歩きました。

もちろんそのダンス会は私たち看護士たちも参加します。男の子たちは、私たち看護士と踊ることもありました。

精神の病で入院している年長者の多くは、許可を受けて外出していました。いつも病院の中にいる患者さんにとって、町へ出ることはしばしの楽しみでした。

仕事が休みの日、夫のジョンと町で買い物をしていると、突然大きな声で私を呼ぶ人たちがいました。

「ヤホー、ヤホー！　ストークス。ストークス、ヤホー！」

何事かと顔を上げると、店の向う側の通りから、患者さんたちが手を振っているではありませんか。

こうした患者さんたちは独立心が旺盛です。病院では患者さんたちの励みになるので、病院の近くに大きな家を買い、患者さんをそこで生活させました。部屋は美しく、一部屋にベッドが二台。ベッドカバーとカーテンはお揃いで、床には高品質のカーペットが敷かれていました。患者さんたちは自分自身で身の回りのことをしなくてはなりません。

当初は、スタッフがこの家から病院内の学校、クラスそしてクリーニングの仕事へついて行ったのですが、しばらくすると彼らは同伴者なしで外出ができる旨の嘆願書を出しました。付き添いなしで町へ行ったのに、どうして病院へ自分自身で行くことを許してもらえないのか、おかしいではないですか、というのが彼らの主張でした。しごくもっともな主張です。

すんなりとその許可が下りたのはいうまでもありません。

夜になると、彼らはこの家で、彼ら自身の手による、彼ら自身のためのクラブを経営しました。ですから招待のない者は、たとえ看護士といえども入場禁止です。怪しい食事を作り、ラジオの音楽に合わせて踊りながら夜を過ごしていました。

ある晩、ジョンと私は招待され、彼らが作ってくれたベーコンとタマネギの豪華な食事をいただきました。

彼らは、わたしたちが食事をしている間中、傍らに立っていて、

「おいしいかしら。おいしいかしら」

と聞きました。私たち夫婦は、口中を油まみれにさせながら、ただただうなずきました。

精神障害の人々と働くことは決して楽なことではありません。日常とは違う世界なのだから。正直に言えば、心身ともに疲れるものです。暴れる患者さんもいます。それに、看護士としてのプライドを傷つけられることもあります。

しかし、それらは私にとってすべてが貴重な体験でした。

＊　＊

様々な患者さんと接することができたこの病院をやめて、数年経ったころ、病院を訪れる機会がありました。懐かしい気持ちで庭を歩いていると患者さんたちが輪になって座っていました。その回りを保育園の子どもたちがスキップしながら飛び跳ねています。

私を知っている子どもや患者さんが私を見つけ「ナース・ストークス。ナース・ストークス」と声をあげながら集まってきました。

「こんにちは、こんにちは」

私も笑顔で答えました。

懐かしい顔がこちらに近づいて来ました。今は大人のグループにいるジェラルディーンです。目は見えませんが、聴覚がとても優れていて、私の立っているところへ迷うことなく歩いてきます。そして私の体に触れると、私の胸に顔をうずめて泣き始めたのです。

ずっと昔の、二人だけの「小包のお話」の、あの楽しい思い出がよみがえってきました。

その後も思い出深い人たちに会うことができました。

ジェニー・リーもその一人です。ちょうどお風呂に向かうところでした。

「ジェニー、こんにちは」

「こんにちは」

ジェニーはなんだか素知らぬ顔です。私のこと、もう忘れてしまったのかしら。

「チョコレートを持ってきましたよ」と私がささやくと、彼女は顔を輝かせ、チョコレートの包みを手にしました。そして、こう言ったのです。

「お姉さんに会いに、私を映画に連れて行ってくれましたよね。ナース・ストークス」

私は驚きました。彼女のお姉さんのフランシス・リーが出演した映画を見に、病院の映画館へ連れていったのは三年以上も前のことだったからです。楽しい思い出は障害があろうとなかろうと、消えることはないのだと感じました。

Chapter 7／シッティングは日常の会話で行なわれる

「あのぉ、こんにちは、ドリス。友人と一緒なのですが、大丈夫でしょうか」

「大丈夫よ、少しも気にしないでね。お入りなさい」

ピンク色のやせた頬をした神経質な女性がそこに立っていました。

彼女たちを中に招き入れ、リラックスできるようにと、しばらく世間話をしました。

＊　＊

初めてのシッティングに訪れるたいていの人は彼女のように、どういうわけかとてもおびえています。

というのも、薄暗い部屋で催眠術のようなことをされるのではないかと思っているようなのです。彼女が友人連れで訪れたのもそのためです。実際にはそんなことはありません。

リビングのソファーに座って、窓から差す明るい光りを感じながら、ふつうにおしゃべりをするだけです。一度でも私のシッティングを経験した人ならわかっていただけるのですが、初めてシッティングを受ける人のために、シッティングのすべてを録音しておくのも悪くないと思い、さっそく実行しました。

＊　＊

◇シッティング・テープの記録◇

一九八二年前半に行なったスーザン・オッターとご主人へのシッティングです。サイモンという名のお子さんを亡くされたご夫妻にとっての個人情報となる詳細は省略しました。
ドリス(以下D)「彼の光の加減によると、あちら側へ渡ってまだ一年は経っていないと思います」
スーザン（以下c）「三ヵ月です」
D「さて、彼はビルと呼ばれている方について話しているわ」
c「ビル？　知りません」
D「おかしいわね。ビルと言ったと思ったわ。でも違ったのね。バートかしら」
c「はい。私の父です」
D「それよ。彼は、あなたが誰かと彼について話していると言ったけど、ビルと言ったと思ったわ。あら、彼は〈ぼくはバートと言ったよ。英語を話しているんだよ〉ですって。生意気な男の子ね」

c「ええ、そうでした」
D「それに、彼が逝ってからお誕生日を迎えたと言っているわ」
c「はい、五月に。あの子は九才になるはずでした」
D「みんな泣いて、ぼくはお花を持って、おじいちゃんのバートは自分が代わりたかったと言ったわ」
c「ええ、言いました」
D「彼は、〈ママもう大丈夫だよ〉と言っています。彼は急に逝ってしまい、二度と戻っては来ませんでした」
c「ええ」
D「その前の晩に会ったきりで、パパには会えなかった」
c「はい」
D「投げられたような感じです。彼は何かに襲われ、意識不明に陥りました」
c「はい、病気が彼を急激に襲いました」
D「そして、二度と回復しなかった。背中が痛かったです」
c「ええ、そうです。脳の病気でした」
D「それが、彼から来る唯一のしるしだわ……。
ほかの子どもたちのように、私のことをドリスおばあちゃんと呼んでね。

〈ぼくはすでにおばあちゃんは二人いるよ〉と彼は言っています。
そうなの、じゃあ、おまけの一人にしてね、ぼく。
しかし、元気な男の子が二十四時間内に高熱を出し、病気になり眠りについてしまったなんて、信じられないわ」
c「そうです」
D「彼は、あなたがセーターを脱がして、背中にキスをしてくれたと言っています。されましたか」
c「ええ、しました」
D「あなたが、そうした時に彼はそこにいましたよ。遠くにはいっていません。彼はまだ家の辺りにいます」
c「ええ、わかります、気配を感じます」
D「さて、フィリップのことを言っていますが、どなたかしら」
c「あの子の父親です」
D「その答えを待っていました。彼に、パパの名前を聞いていたのです。
わかったわ、あなたのパパね。では、ほかの人と話をさせてもらえるかしら。
だめなの？
ほかの人には話させないわ。はっきり視えるわ、何かの理由で警官について話しているわ」

c「病院に二十四時間しかいなかったので、警察が死因審査の報告を取りに来たのです」
D「わかったわ、彼が〈警察が来たんだよ。ぼくは偉かったんだ〉と言ったわ。
本当にそうね、ぼくは。
さて、アンってどなたかしら？　A、Aではないわ。アランだわ」
c「私の義理の弟です」
D「彼は、〈ドリスおばあちゃん、アランはぼくたちの家にいたんだ。戻って来たので、優しくしたんだ〉と言っています」
c「何年も会っていません」
D「今度は、ローズってどなたかしら？　R、R、Rの音です。
ちょっと待って、待ってください。騒がないで。ええと……。今聴いているところです。
サイモン、私は真剣なのよ。でも、あなたはお辞儀をしているのね、まずあなたのママに、そしてパパに。リチャードだわ。リチャードよ」
c「隣りの子です」
D「彼は〈リチャード、聞いてよね。ぼくはリチャードとよく遊んだんだ。ぼくの一番の友だちで、ケンカはしなかったよ〉と言っています」
c「そうです」
D「〈もう友だちなんかじゃないよ、と言っていたのに、リチャードは泣きながら、ぼくのところに小さな花束を持って来てくれたんだ〉」
c「ええ、そうです」
D「彼はたくさんの人がいたと言っています。マーガレットもそこにいました。マーガレットって、どなたかしら」
c「リチャードのお母さんです」
D「彼はそうだと言っています。みんな泣いていました。〈リチャードはぼくの親友だったの。そして、よくぼくの自転車を交代で乗っていたんだ。そうすれば、一台で済むからね〉」
c「はい、うちの庭で」
D「〈それと、マーガレットは泣きながら、ママになんて言ったと思う。〝私が代わってあげたかった〟て言ったんだ〉」
c「ええ、彼女はそう言いました」
D「さて、あちら側の世界にジョージと呼ばれている人がいるわ。あなたのお父さんの関係じゃないかしら」
c「父の兄弟のジョージです」
D「ジョージは、サイモンと話ができたわ。ジョージは〈いまだに、なぜそんなことになったのかわからないが、しかし、たいした問題ではないです。サイモンはここにいるし、あの子は幸せで、喜びでいっぱいです〉と言っています。ベティってどなたかしら」

c「叔母のベティのことです」
D「〈ベティはぼくのことを愛し、ぼくの写真を持っていて、その隣りにはバラをさしている〉とサイモンは言っています」
c「はい、そうしています」
D「彼女はバラを置いて、サイモンに供えています。ところで、ジョージは何が問題か、わかっていると言っています。あなたは、あの子にお別れができなかったことを悔やんでいますね。そして、自分自身を責めているの。ねえ、みんなそうなのよ。信じてご覧なさい。何か出来ることがあったんじゃないかと、自分を責めない親なんて、私を含めて一人もこの家には来ないわ。何か気がつくべきだった、ほかの医者にあたるべきだった、これをするべきだった、あれをするべきだった、と。私たち、みんなが通過するのです。でも、何も出来なかったのよ。彼は神の特別な子どもなんです……。

あら、三月十六日はとても大事な日なのね」

c「三月十六日は、あの子の命日です」

D「なんでこのことをあなたに伝えようとしているのかしら。サイモンが亡くなって三月十六日で、一年が経つことを伝えようとはしていません。お花を買って、記念日のお祝いをしなさい。なぜなら、彼の新しい人生の一年目の記念日だからです。

トニーってどなたかしら……。

ティーの音だわ。トニー、テリー、トミー……。ダメだわ、サイモン、間違ったわ。ちょっと待ってね。何を視せているの。シャツを脱いだわ。肩甲骨のところに、ちいさなほくろがあるわ」

c「はい」

D「もう、服は脱がないように、言ったでしょ。

〈違うよ、ママに、ぼくだとわかるように見せたんだ〉

あら？ Jだわ、ジャメイ、いいえ、ジェニーだわ」

c「あの子のお友だちのお母さんです」

D「トレーラーの何についてなの？ ちょうど、トレーラーについて話しましたが、あなたも、トレーラーについてご存知ですか」

c「はい。あの子のおじいさんのトレーラーです。トレーラーハウスに住んでいるんです。ちょうど行ってきたところです」

D「では、あなたと一緒に行ったのね。わかるかしら。サイモンのように八才の子どもが逝った時は、気が付くと突然、見知らぬ人たちと知らない場所にいるので、大きなショックを受けないよう、こちらの世界と行ったり来たりさせるため、あなた方の行動に加わります。彼はトレーラーハウスに行き、それから……ぼっ、ぼっ、ぼく……彼は興奮し、どもってしまいました」

c「はい、そうです」

D「彼はとても興奮したので、口がまわらなくなったわ。トレーラーハウスには四段の階段がありましたね。そして……〈ママがぼくを抱っこしていた時から行っていたよね、でも、もう今は一人で上り下りが出来るくらい大きくなったよ〉」
c「はい、あの子がとても小さかったころから行っていました」
D「それと、彼は〈まだがんばっていて、テデイベアを抱っこしている〉と言っているわ」
c「いいえ、テディはあの子と一緒に埋葬しました」
D「テディを持っているのね、てっきり、こちら側に来て遊んでいるのかと思っていたわ。それと、もう一つ、そう、象かしら。何て呼ぶのかわからないけど……ウオップルかしら」
c「ウオンブルです」
D「今度は、ギターについて何か言っていますよ。〈大きくなったら、ギターを買ってもらう約束をパパとした〉と言っているわ」
c「あの子はギターが大好きでした。小さな木製のものを持っていて、マークが今それを持っています」
D「〈ぼくが大きくなったら、本物を持つつもりだったんだ〉と彼は言っています」
c「ええ、よくポップ・グループの話しをしていました」
D「弟のマークがいて、マイケルと、ニコラスと呼ばれている子がいます」
c「あの子のお友だちです」
D「はい、ちょっと、ちょっと待ってね、いい子ね。サイモン、ちょっとやめて、もう一度試してみて、ついて行けないわ。もう一度話してみて。ええ、テディと一緒なのね、ええ、ウオンブルも持っているのね。それで、何を言おうとしているの……。
サイモンは、私の手をこんなふうに置くのだけど。彼の手に何かを挟みましたか。写真ですか」
c「はい。あの子の手の中に二人の少年の写真を置きました」
D「それだわ。彼が私の指を組んで、写真だと言うの。それから、髪の毛を指で絡ませているわ。私と話している時はずっと、髪の毛を絡ませているわ。フィリップ、あなたは運転をする仕事をしていますか」
フィリップ「いいえ、でも仕事へ行くのに長距離を運転します」
D「彼はパパと一緒に長い距離をドライブすると言っています。だから運転の仕事かどうか伺ったんです。あら、彼は違うと言っているわ。パパは大きな機械を持っていて、とても頭がいい、と言っています」
フィリップ「はい、工場で働いています」
D「さあ、ゆっくり、ゆっくりね、サイモン。彼はジョージを介さずに自分でやるそうよ。居間を知っているでしょう。前は二部屋でした」
c「あの子が生まれた家はそんな感じでした」
D「それから壁ができたわ。現在のお住まいで、ガラスのドアに向かっています。そして右側には彼の写真があり、左側にもあります」

c「右側に写真が以前は置いてありましたが、それを降ろして今は左側の写真だけです」
D「彼は腕時計を持っていましたか」
c「ええ、ちょうどクリスマスの前でした」
D「立派な腕時計だったと、彼は言っています。今はマークが持っています。クリストファーについて話しています」
c「クリストファーは学校で席が隣りでした」
D「彼がよく、庭に持ち出した小さな椅子があります」
c「はい、折りたたみ式のものです」
D「彼は〈ぼくの小さな椅子があって、ママと一緒によく庭に出て座っていたんだ〉と言っています。あら、違うのね。少し待ってください。成長した写真を私に見せてね。少し迷ってしまったようね。とっても興奮しているからね。明るいオリーブ色のようなユニットキッチンがあるわ」
c「隣りのリンの家です」
D「そこが、彼が話している場所です。それから、その上にまな板か、トレイのような物があります。彼はそれを叩いたと言っているわ」
c「ええ、そうです」
D「逝ってしまってから、彼がそこに居ることをあなたに知らせたくてやっています」
c「彼女は自分の子どものいたずらだと思っていました」

D「いいえ、サイモンよ。爆発音のようなものを立てているそうよ。それから、犬について話しているわ」

c「ポピーです」

D「〈ポピーはぼくを視ることができるけど、みんなはぼくのことが視えないんだ〉どうしてだろうと、サイモンは悩んでいるわ。彼が生まれた時、へその緒が首に巻き付いていませんでしたか」

c「マークに巻き付いていました」

D「そう、マークだわ。彼は〈へその緒が首に巻き付いていて、今にも死にそうだったけど、マークは死ななくて、ぼくが死んでしまった〉と言っています。〈貯金箱を持っていて開けてみたんだ。いくら入っていたと思う。四ポンド近くもあったんだよ〉」

c「はい、あの子はレゴの消防車を買うために貯金をしていました」

D「〈ぼくはあと二ポンドだけほしいんだ。そうすれば、買うことができるからね〉」

c「はい、そうです」

D「六ポンドだったのね。みんな忘れていなかったでしょ。視えなくても、いまだにあなたの子どもなんですよ。あら、もういなくなってしまったわ。どこへ行ってしまったかわからないわ。大丈夫、戻って来たわ……。彼がどこに行っていたか尋ねたら、エルシーを呼びに行ったそうよ」

c「エルシーは道路の向こう側に住んでいて、先日亡くなったのです」

D「サイモンは頭が原因だと言うのですが……。脳卒中でしたか」
c「はい、そうでした」
D「エルシーがあなたに〈息子さんは以前よりもずっと美しい〉と伝えています。彼女は、毎日サイモンに会っていました。道路の突き当たりにポストがあって、サイモンがよく手紙を出しに行ったポストだと」
c「はい、あります」
D「それから、マークとレスリーとジェフリーがいます」
c「サイモンのいとこたちですが、面識はありませんでした」
D「今は知っています。それから、ピンクのブラマンジェが好きだったと。メイジーとはどなたですか。お母さんの知り合いでメイジーかメイベルさんはいますか」
c「はい、メイベルおばさんです」
D「アーサーと呼ばれている人はどなたかしら」
c「私のほうの関係です」
D「それから誰か、車のバンを持っていると彼は言っています」
c「私たちは、小さな車を買いました。パンダです」
D「バンではないわ、ぼく、パンダですって。〈ぼくはバンダと思っていた〉と彼は言っているわ。それは、ほかの車とは全然違うものですか」

c「ええ、四角くて、小さな箱形のバンのようなものです」
D「イリーヌかアイリーンはいるかしら。どちらも似たように聴こえるので、両方言うわ」
c「イリーンです」
D「それから、キャサリーンがいます」
c「ケーティ。本名はキャサリーンですが、みんなケーティと呼んでいます」
D「彼のお誕生日はちょうど過ぎましたね。八月と十月にも誕生日があるわ」
c「はい、私たちのです」
D「……なぁにサイモン、何を言おうとしているの。ああ、なるほど、スピリットワールドへ行くちょうど前に、新しい赤いセーターをもらったのね」
c「はい、新品の赤のセーターです。お気に入りの赤いシャツをきて埋葬しました」
D「お墓について質問をしてと彼は言ってるわ。〈ここにいるから気にしないよ〉。お墓は、サイモンの思い出の庭のようなものだって。〈木があって、バラが植えられているよ〉」
c「はい」
D「〈ママとパパがそこへ行く時は、ぼくはお願いだから泣かないで、と言っているんだ。だってただの庭なんだよ。ぼくはそこにはいないし……〉。
どこからやって来たのか教えてくれるかしら。
〈ぼくがノートに書いた字は〝チェド〟だよ〉

チェド?　チェスター?」

c「ウインチェスターです」

D「それは十二月九日?　違うの?　では九月、十一月かしら。違うの?

〈ただ推測しているだけ〉

行っていいわよ、サイモン。とても素晴らしいできだったわ。

〈ぼくは、パパに似ていると思いますか〉

ええ、思うわよ、サイモン。それに、あなたはママにも似ているわ。スーザン、サイモンの目はあなたの目にそっくりね。さて、洗濯をして、着替えなければ。サイモン、ありがとう。とてもよくやってくれました」


こんなに早く別れが来たことはとっても辛いとわかっています。しかし、サイモンは二、三時間で逝ってしまい、苦しみはありませんでした。白血病やそのほかの病で亡くなる子どもは、何年間も苦しみます。その意味で、サイモンのご両親は幸いであったのかもしれません。

じゃあ、お茶をいれましょう。


このようにシッティングは行なわれます。家族の情報など、ささいな三人（私とあちら側の人と、そして依頼者）の会話だけです。愛していた人だけが知っていることを、生前使っていた言葉で述べるだけで、シッティングは決して怖いものではないのです。

シッティングを終えると、人々は頭をあげ、胸をはることができます。うなだれ、打ちひしがれた姿でシッティングにやってきた人が、別人のように晴れ晴れとした表情で帰っていきます。

Chapter 8／戦争と暴力で亡くなった若者からの伝言

寒くて、寒くて、周りのすべてが破裂しそうだった。靄《もや》が視界を妨げ、大きな叫び声が響き、空には大きな稲妻が光り、雷が地面を揺るがしていた。

耳が聞こえなくなり、混乱してしまった。私はつまづきそうになった。とても大きな爆発音がして、すべては真っ白くなった。漠然とした何かが、私をひっぱり、かぶさってきた。それから静かになった。

これまでのシッティングで、もっとも不思議な事例について、お話しましょう。

私には今日にいたるまで、その本当の理由がわかりません。私はそこで起きたことを忠実に詳細を記録しましたが、いまだに戸惑っています。

前記の場面は、フォークランド紛争（編集部註：1982年4月～6月イギリスとアルゼンチンのフォークランド諸島の領有権を巡る戦争）で行方不明となり、死亡が推定されたフィリップ・アラン・ワムズという若い兵士から送られてきた印象です。

彼の両親は地元の教会で、彼のための追悼式に出席し、セントポール大聖堂での公式追悼式にも招待されました。彼の死は、既成の事実となっていました。

私のスケジュールは一杯でしたが、ご両親があまりにも落ち込んでいたので、日頃の決まりに反して日曜日の午後にご両親と会うことにしました。歳をとるにつれて休息が以前よりも必要となった私は、教会での仕事がない限りは、週末には仕事を入れないことにしています。シッティングは身体的、精神的に激しい消耗をともなうので、休息はぜったいに必要だったからです。

それはともあれ、ウイリアムズ夫妻が、その週末にやってきました。

結果的にそれは素晴らしいものとなりました。フィリップ・アランはあちら側から、さまざまなことを教えてくれました。親しい友人や、あるいは家族さえ知らなかった個人的な話や、現在の状況など詳細な内容を伝えてくれたのです。そして後日、そのことがすべて真実であることが判明しました。

フィリップの両親が私のいるロンドンに向かって高速道路を走っていたころ、地球の反対側のグース・グリーンに、フィリップはいました。

死んではいません。生きていました。

そのフィリップはとある家に入っていくところでした。彼は寒くて餓死寸前で、今にも倒れそうな状況でした。その家の人はとても親切で、彼は食事を振る舞われ、そしてベッドで休むことを許されたのです。

フィリップの両親が私のところに到着し、私たちはシッティングを始めました。ちょうどその時、フィリップはとても深い眠りに陥っていました。

魂が向かう死後の世界と、人が深い眠りで陥る魂の世界とは似ているのでしょうか。夢で他人の死を予見したり、あるいは夢で見たことが本当のことであったりします。それと同じことが、フィリップと両親の間でも起きたのでしょうか。

フィリップは両親のことをとても心配していました。もしかしたら、自分が戦死してしまったと思っているのではないか、そう心配していたのです。彼はそうした心配を抱えたまま、深い眠りに陥ったのです。

シッティングを始めると、フ、リ、ッ、プ、ら、しき魂が現れました。

〈ぼくの父親は新しい車を買ったんです〉

それは本当のことでした。フィリップの父親は新車を買いました。しかもそれはフィリップがフォークランドへ向かったあとに買ったもので、もちろんフィリップはそのことを知りません。

後日、フィリップが無事に帰還した際、父親は自慢してその新車を見せたのですが、フィリップはまったく驚きません。それどころか、どうして今頃説明するのか、ぽかんとしていました。

「そのことはもう知っているよ。向こうにいた時に、おもしろい夢を見たんだ。全部は覚えていないけど、お父さんが新車を買ったんだ。そう、そこにある車だよ」

人が寝ている間に見る夢の世界と、死後、魂が向かう世界。同じなのか、それとも違うのか。どう関係しているのか。では、フィリップのご両親とのシッティングの様子を詳しくお話ししましょう。夢と死後の世界の関係は、みなさんが考えてください。

＊　＊

日曜の午後。

ウイリアム夫妻は、一時間のシッティングのために何百マイルも運転をし、ロンドンに到着しました。長い運転でとても疲れているようでしたので、まずはゆっくりとお茶でも飲んでもらおうと、キッチンでやかんにお湯を沸かすことにしました。リビングを抜けてキッチンへ向かう途中、〈グースグリーン〉という声が聴こえました。

フォークランド紛争で起きたグースグリーンの惨劇（訳註：多くの死傷者を出した）は、イギリス人であれば誰もが知っています。ですから、推測で言うのは憚《はばか》られましたが、でも、はっきりとその言葉を聴いたので、私は念のために、ご両親に尋ねました。

「息子さんは、グースグリーンで行方不明になっていませんよね」

「いいえ、息子はそこには含まれていないわ、ドリス」

ではなぜ、グースグリーンの名が出たのだろう。私は困りました。ご両親が、行っていないと

いうのだから、本当のことでしょう。〈フィリップがグースグリーンで発見されたのは、この話の次の日でした〉

私はともかくも、お茶をいれ、お互いにリラックスできるようにしました。

すると、奇妙な感覚がやってきたのです。なにかいつもと感覚が違っています。

「息子さんが、戦場で亡くなられたのは確実なのですか」

私はそのことを確認せずにはいられませんでした。

「はい、そうです。それに私たちは、セントポールやすべての追悼式に招かれました」

「捕虜にはなれなかったのかしら」

「はい、なれませんでした。捕虜は一人もいなかったそうです」

ご両親の確信に満ちた答えに、フィリップはやはり戦死したのかと、私は唇を噛みしめました。

イギリス軍が正式に発表した戦死の告示。それを私が否定したところでなんになるというのか。

両親はそれを事実として受け入れているのです。いま私が「生きているかもしれません」と言えは、両親はいま以上に不安な気持ちになるのは明らかでした。

私はシッティングを始めることにしました。

始めるとすぐに、交信がありました。若い男の声でした。

〈ボクの名前はフィリップ・アランです〉

父親にそのことを尋ねると、父親は息子のことをアランと呼んでいる、と言いました。

「ええ、フィリップです」と母親は言いました。

彼は、父親と母親と、そして親友の名前を伝えてきました。

〈ジミーから手紙をもらっているよ。それから、スチュワートがやって来て、ぼくについて話したんだ〉

両親はそれを聞いてとても驚きました。

「そのとおりです。事実です」

フィリップは金髪でとてもハンサムな青年でした。彼はくすくす笑いながら、こう言いました。

〈口ひげを生やそうと思っているんだ〉

母親は「口ひげは知らなかったわ」と言いました。

彼は、たくさんの家族と友だちの名前をあげましたが、彼自身が、そうした人々がどちら側にいるのかわからないようでした。

亡くなった魂と交信するとき、とくに初めての交信の場合は、魂の側が慣れないこともあって混乱してしまうことがしばしばです。でも、フィリップの場合は、自分が死んでいるのか、生きているのか、周囲の人はどちら側の人かどうかも、わかっていないようでした。生きている人のことを、あちら側の人と認識しているようでした。

「アルバートとキティに、あちら側で会ったと言っているわ」

私がそう言うと、まさか、という顔を両親はしました。

「会えるはずはないですよ。だって、アルバートとキティは死んではいません。先日、彼らと話しをしたばかりですよ」

なんだか、ややこしくなってきました。

「フィリップ。あなたの言っていることは、お父さんがアルバートとキティに会っていた時に、あなたも会っていたということかしら」と私は尋ねざるを得ませんでした。

するとと彼は、父親が彼らに会った時のことを何かブツブツと言っていましたが、よくわかりませんでした。

「ねぇ、彼らがどちら側にいるか、はっきりと言ってくれるかしら。でないと混乱をしてしまうわ。私は、彼らがあなたと一緒にそちら側にいると思ったわ」

すると、あちら側からやってくる振動は奇妙な波長となり、ひどい混乱に陥りました。フィリップ自身も、私が何を言っているか、理解することはできないようでした。混乱を避けようとしたのか、彼は話題を急に変えました。

〈ぼくは行きたくなかったんだ。わかるでしょ。入隊した時は、戦争は絶対に起きないと思っていたんだ。出航した時は、ぼくたちは笑ったり、冗談を言ったりしていたけど、心の底では恐怖で一杯だったんだ〉

母親は悲しげにうなずき、

「ええ、あの子が行きたくなかったことは事実です」と言いました。

彼はそのあとも、戦場へ赴く際の状況を語りました。彼は当初は怖かったそうですが、臆病者ではなかったと、言いました。

〈少なくとも、お父さんとお母さんはぼくのことを誇りに思えるよ。ぼくには根性があったことがわかったんだ。ただまっすぐに突き進むだけだよ」

その時、もう一つの声が、会話に割り込んできました。若い女性の声でした。

〈私はバーバラです。フィリップのことは心配はいらないわ。私たちが彼の面倒をみています。だから大丈夫ですよ〉

「バーバラとは、あの子の叔母です」とウイリアム夫人は言いました。

バーバラは交信の中で、自分は三十代で亡くなったこと、しばらくの間は病気だったが、最期はとてもあっけなかったことなどを話しました。

〈私は、眠りについただけなのに、目が覚めたらこちらの世界にきていたのです〉

すると、今度はフィリップが割り込んできました。パイプオルガンの演奏が聴こえ、フィリップは追悼式のことを語りました。

〈The Lord Is My Shepherd を演奏してくれ、大勢の人がやってきたんだ。フォークランドに出発前、ガレスに腕時計をあげたが、彼はいまだにそれをもっているんだ〉

彼はまた、自分がもらうべきフォークランド戦での未払賃金を心配していて、父親が自分の代わりに請求してほしいと言いました。

〈たくさん稼いだから、それなりにもらえるからね〉

そうフィリップが言ったあと、すぐにバーバラがまた割り込んできました。

〈心配はしないでください。彼は大丈夫ですよ〉と同じことを言いました。

〈私はエリザベスです〉

と今度は、別の声が割り込んできました。ほんとうに今回のシッティングはややこしい。

「エリザベスというのは、あの子のおばあちゃんです。祖母です」とウイリアム夫人が助け船を出してくれました。

エリザベスも、バーバラと同じようなことを言いました。

〈心配しないで。私たちがあの子の世話をしているから〉

後《のち》にテープを聞き、この絶え間ない優しい言葉に私は胸をうたれました。亡くなった親族らは、子を亡くした親たちに、子どもは一緒で、あちらの世界で幸せにしていると伝えてきますが、一回のシッティングで、こんなに何度も「心配はいらない」と強調をしてきたのは初めてでした。

「心配しないで。彼は大丈夫だから」

私はこの言葉を何度も何度も聞きました。

シッティングを行なっていたその時は、彼の遺体は見つかっていませんでした。両親は戦死の報告を受けていて、追悼式にも出ていましたが、不安と心配で心は休まりませんでした。あちら側の親族が「心配いらない」と何度もメッセージを送るのは、両親を安心させるためだと、私はそのとき思っていました。

でもフィリップの祖母と伯母が、ただ我々を安心させようとしただけではなく、何が起きたのかを伝えようとしていたのだとわかったのは、フィリップが生還したあとでした。彼女たちは確かにフィリップの世話をしており、何も心配することはなかったのです。

フィリップは、おばあさんの話を遮るようにして再び現れました。話したいことがたくさんあるようでした。フィリップは新車について語り始めました。

〈お父さんは、ジョー・ベイリーと話している。彼と一緒に働いているんだ〉

それを聞いたウイリアム氏は、椅子から落ちそうになりました。

「そ、そのとおり！」と言い、思い出したようにこう続けました。

「どこで、どんなことが起こったのか、あの子に聞けますか」

「フィリップ、最期の時を伝えられるかしら」と聞くとまた、奇妙な感覚の波動がしました。それは錯乱と戸惑いでした。しばらくすると、悪夢の戦闘場面がやってきたのです。

フィリップはその中で「テンプル」という言葉を使いました。私はその意味がわからなかったので、父親にそのことを尋ねました。

「テン、タム、タンブルダウンのことだと思います」と父親が言うと、即座に、

〈そうだ〉

とフィリップが反応し、彼は明らかに動揺してきました。

〈すべてが爆発し、吹っ飛んだんだ。それっきりだ〉

私は、彼が地雷を踏んだか、爆発にあったのだと感じました。

〈チャルキー・ホワイトはそこにいたんだ。それからアンダーソン……〉。

「そうです！　ホワイト軍曹の未亡人から手紙をいただき、アンダーソンもそこにいたのです」とウイリアム夫人が叫びました。

〈ぼくは、護衛隊にいたんだ〉

両親は、彼がスコットランドの護衛隊にいたと確認をしていました。

「あなたは何才なの」

〈もうすぐ十九才です〉

両親に確認すると、そのとおりとのことでしたが、その直後、これまで味わったことのないような不思議な感覚に襲われました。何かが正しくないのです。何かが起こっているように感じられました。私は思わず、大きな声で、

「もう、わからないわ」と叫んでしまいました。

「フィリップでなければ、何ですべてのことを知っているのかしら。彼に違いないわ」

両親は、その相手があちら側にいる息子であることを信じていました。彼の話し方、時々でる断定的なものの言い方や彼が与えてくれた情報は正しいものだったからです。

翌日、ひっくり返るようなニュースが飛び込んできました。なんとフィリップが生きていることが明らかになったのです。

数週間後、フィリップは無事に祖国イギリスの地を踏みしめました。家へ着いた時、彼はチャルキー・ホワイトの服を着ていましたが、戦場の荒れ地で過ごしたことを物語るように、皮膚はひどい状態で、無精ひげでした。

彼の話によれば、爆発のあと気を失い、気が付いたら荒れた田園地帯だったそうです。アルゼンチン軍に発見されれば捕虜になるために、しばらくの間動くことができずに、じっとしていたそうです。そして厳しい寒さの中、どうにかこうにか敵の虎口《ここう》から逃れてきたとのことでした。

彼の両親はもちろん大喜びで私に電話をくれました。もちろん私も彼の無事を喜びました。それにしても……と、思うのです。

では、私がシッティングで話をした相手は誰なの……と。

戦場で亡くなった、フィリップと同じような若者なのでしょうか。それとも、フィリップの伯母や祖母のバーバラやエリザベスなのでしょうか。

私は、それはやはりフィリップだと思います。人は死んでいなくても、なんらかの方法で死者の魂と同じように、誰かと交信することができるのではないでしょうか。もちろんこれは私の持論です。みなさんにそれを押しつけようとは思っていません。どうか、みなさんご自身で考えていただきたいと思います。

フォークランド紛争に赴いた兵士をシッティングしたのは、フィリップだけではありません。フィリップとのシッティングのすぐあとに、ある夫婦をシッティングしました。

マリオンとドン・プライス夫婦は取り乱して、私に電話をかけてきました。

夫婦の息子は海軍航空隊電気技師で、輸送船アトランティック・コンベヤー号に乗っていましたが、五月二五日、アルゼンチンの対艦ミサイルによって攻撃され、沈没しました（戦死者一二名）。

一報を受けた家族は大きなショックに見舞われました。

その大惨事のすぐあとのことです。看護士をしているプライス氏の娘さんが職場の病院で、私の本『voices in my ear』を手にしたのです。どういうわけか、偶然に棚から落ちた私の本。それを拾って棚に戻そうとしたのが娘さんで、本を手にした彼女は、明るい黄色のカバーに興味をひかれ、急いでいたにもかかわらず、本をめくり私の序文を読んだのです。

もしかしたらこの本が、家族全員を苦しめている喪失感の恐怖を消すのに役立つのではと、家に持って帰りました。急いで家族全員が読み終えると、すぐに書店で続編の『more voices』を買いました。そして最後に、マリオンが私に電話をしてきた――というわけです。

私は、まだフィリップ・ウイリアムズの件を引きずっていました。

プライス一家の申し入れを受けるべきか迷いましたが、私には断ることができませんでした。

というのも、電話口のマリオンの声から、シッティングの必然性を強く感じたからです。

プライス家はとても仲がよく、私の家の玄関前に、お母さんとお父さん、そして三人のかわいい娘さんの五人全員が立っていました。小さなシッティングルームですから、私を含めて六人がソファーや椅子に腰掛けると、とても狭くなってしまいました。でもこんな素敵な家族と出会うことができたことを、心から感謝しました。

しばらく話しをしていると、私は青年の気配を感じました。彼は、背が高く痩せ形で、黒い髪をして、親しみやすく魅力的で、信頼のおける若者でした。彼が近づいて来て、私は自分の髪をなでる仕草をしました。

私のその仕草を見ただけで、マリオンは息を飲み、そしてこう言ったのです。

「息子です！　それは彼の癖です！　あの子はちょうど、そのように髪の毛を触っていました」

〈ぼくはドンだよ。こちら側には今は二人のドンがいるんだよ。ぼくとおじいちゃんの二人〉

その時、年輩の男性が割り込んできました。

〈ええ、この子の名前は父親ではなく、私の名前をとってつけられたのです。三人のドンとよく呼ばれていたんですよ〉

私が、若いほうのドンに何が起こったのかを尋ねると、すぐに煙硝の臭いがしました。そして、炎に囲まれた多くの人々の叫び声が聴こえました。

〈ぼくは、みんなをボートに引き上げるのを助けていたんだ。すると、ぼくの救命胴着に火がつ

いてしまったので、海に飛び込んだら、沈んでしまったんだ〉

彼は、即座に溺れてしまったようです。少なくとも、何時間も南大西洋の冷たい海の中で苦しむことはありませんでした。

しかし、ドンは戦争について話したくないようでした。彼は話題を変えて、友人のダニーとガールフレンドだったサラについて話しました。

〈もし戦争がなかったら、サラとは結婚をしていたと思うよ。ちょうどぼくが出兵する前に、ママは何か買ってくれようとぼくを連れ出し、新しい下着を何枚か買ってくれたんだ〉

「はい、事実です。買いました」と母親のマリオンが言いました。

彼は、たくさんの家族の名前をあげ、暖炉の上の壁は彼がプレゼントした写真の何枚かが掛かっており、両親の寝室の壁には十字架が掲げてあり、一番下の妹には何かのおもちゃをプレゼントした、と言いました。彼はまた、ボーイスカウトの隊長について話をしました。

「ええ、そうです。あの子はとても熱心な一員でした」と父親が言いました。

しばらくすると、おじいさんのドンが通信してきました。

〈私は肺がんで死にました。しかし、悲しみはありません。旅立ちは苦しみからの解放でした〉

「若いドンは、あなたと一緒にそ、ち、ら、側で、幸せかしら」と私が尋ねると、おじいさんのドンは、

〈まだだよ〉

と悲しげに答えてくれました。

〈ぼくはまだ寂しいんだ〉

若いドンはそう言うと、通信する力がどんどん薄れていきました。そして、最後に「花と愛のメッセージ」らしき言葉をつぶやきました。私にはその意味がわかりませんでした。彼は最後に、〈バラ〉

と言い残して、交信が終えました。

「バラ」。このメッセージは私にも、そして家族にも理解できませんでした。

「彼の写真のそばか追悼式で、バラをお供えしましたか」

私が質問しても、ドンの家族にまったく心当たりはありませんでした。

このシッティングは、八月四日に行なわれたのですが、実は、七月三十日に隣りの家の人が、フォークランド周辺の海で、ドンとそこで命を落としたすべての人々のためにと、シルクのバラの花輪をヘリコプターから海に捧げた事実がわかりました。ドンはそのことを言いたかったのだと推測しました。

私は、生きている間に再度、イギリスが戦争に巻き込まれるとは夢にも思っていませんでした。第二次世界大戦で、私たちは苦しみました。今また、同じように辛い目に遭っている親や妻がいるとは、そしてそのような人たちのために私が働く日がくるとは、思ってもいませんでした。

私は、戦争の悲劇を知っています。

夫が行方不明となり、アルンヘムで亡くなったと通達された時のあの苦しみと絶望感。その後、彼が重傷で捕虜となっていることがわかった時の喜びと、そして生きて帰ってきますようにと、祈り続けた数ヶ月。

ずっとずっと昔のことになりますが、私には結婚を約束した男性がいました。

彼は空軍に属していて、飛行機の後部射撃手でした。ダンスホールで知り合ったスコットランド出身で金髪の青年ジョン・スチュワートです。

彼は親切で思いやりがあり、私にイースターエッグを買ってくれた初めての人でした。それはバラののった大きなもので、私は心が痛くなるほど感激しました。

十八ヶ月間お付き合いをし、私たちは生涯を共にする決意をしました。彼がハンティングトンへ配置させられた時、私はウエールズにおり、グランサムで落ち合い、私の母を訪ね、その後、スコットランドまで旅をし、彼の両親に会って、婚約指輪を買おうと彼から手紙が来ました。

とても素敵な案だと思い、四十八時間の外出許可書を申し込むために急ぎました。私は、請願書を提出したにも関わらず、なぜか頭のなかで「行かない」と言う声を聞いていました。

もしかしたら、最後は何かに邪魔をされ、行けなくなるのではないか……と不安がよぎりました。

でも、外出許可がおりると、彼に会える喜びのほうが大きくて、「行けない」という不安な声はかき消されてしまいました。

そして、木曜日がきました。出かける日です。するとちょうどその朝、出発前でソワソワしている私のもとに大きな荷物が届いたのです。中には私がジョンに宛てた手紙が入っており、ジョンは死亡したというメモが付いていたのです。

戦争は言うまでもなく恐ろしいものです。フォークランド紛争は、三ヶ月で終了しましたが、それでも、数百の若い命が失われたのです。失われた命は戻ってきません。悲しむ人も大勢います。

暴力は戦争に限ったことではありません。日常のなかでも、暴力事件、殺人事件はあります。なぜ、人が人に危害を与えるのでしょうか。男性が、愛する女性の骨を砕くほど残忍になるのはなぜなのでしょうか。私にはまったく理解できません。

私には、行き過ぎた暴力を受けて亡くなった犠牲者たちを慰めることしかできません。

シャーリーX（彼女の子どもたちに真実を知らせたくないので、本名は明かせない）の件は、とくにぞっとするような例でした。彼女の母親は、娘に何が起きていたのか詳しく知りたくて、必死の形相で私のもとを尋ねてきました。

シャーリーは、すぐに現れましたが後悔の念で一杯でした。彼女は自分が招いた混乱をどれほど後悔しているか、母親に伝えるまでは落ち着きませんでした。

〈私は三十三才で人生を棒に振りました〉

彼女の声がして、彼女の存在が私に近づいてきました。すると、私は体中が激しく痛みました。

とくにお腹は火がついたような痛さでした。

〈私は、とても苦しいのです。もう耐えられなかったのです。我慢しようと一生懸命がんばりましたが無駄でした〉

「最期の時の印象を伝えてくれますか」と私は尋ねました。

沈んだと思ったら、投げられて、そして落ちていく感覚がした、と彼女は言いましたが、何が起こったのかわかりませんでした。

〈即死ではなかったのです。とても苦しかったわ〉

彼女の顔は視えませんでしたが、肩の辺りで髪の毛が揺れていました。そのあと母親の横に彼女が現れました。そのとき顔が視えました。女優のように美しい顔立ちでした。

「あなたの髪の毛はどのように表現したらよいかしら」

〈ブロンドでもなく、赤毛でもないわ。砂色だと思うわ〉

「ハニーブロンドと呼んでいました」と母親が言いました。

彼女は前の夫の名前と、彼と一緒に住んでいる二人の子どもたちの名前を言い、おじいさんやたくさんの親戚と友人の話をしました。

それから、彼女はある男の名前を言ったのです。

「あの子の友人で、同じ区域に住んでいた人です」と母親は説明してくれました。

でもシャーリーがその男性を「友だち」と表現したのを知り、母親は深いため息をつきました。

〈ママを動揺させたくないので言いたくないけど、彼だったのよ。あの男は私を投げ飛ばし、殴り倒したの。そして、貴金属を全部盗ったのよ。私の宝石、指輪、腕時計などすべて〉

「はい。あの男に盗られました」と母親は答えました。

〈あの男は、今はもう自由の身だわ〉

シャーリーは激しい口調でした。

〈お父さんとお母さんには、夫の件でとてもお世話になったので、もう迷惑を掛けたくなかったのです。自分には正直だったのに、大きな間違いを犯してしまいました。過ちを犯したので助けてほしいとは、自尊心が強すぎて言えず、人生を失いました。両親のもとへ行くべきだったのに、何で行けなかったか、わかってもらえますか。私は高飛車で、横柄な意地の悪い女で、両親に面と向かって話しをすることができなかったのです〉

私は彼女が自分のことをストレートな物言いで表現していることが気になりましたが、あえて「彼女の言っているとおりに伝えます」と、注釈をつけて、母親に伝えました。この様な場合、彼女の母親は、私が娘を侮辱をしていると、勘違いしてしまうことがあるからです。

「ええ、気にしないで、わかってますから」

〈生活は良くなったわ。でも私はとても馬鹿でした。手に入れることばかりを考えて、一つも与えようとはしなかった。彼は、とても冷酷でした。凶悪だったのに、私には魅力的に思えたのです〉

シャーリーは、あの悲劇で精神を病んでしまった妹のことを心配し、後悔をしていました。

〈きちんとした家庭の出身で、きれいな家に住んでいたのに。でも、できなかった。わからないわ。私が両親にもたらした心痛を悔やんでいます。でも、私の子どもたちは大丈夫。あの子たちには、私は単に死んだことになっていますから。でも、私の遺体が、ネズミたちと一緒だったことをあの子たちに知られないように神様に祈っています〉

「警官がアパートに突入した時、シャーリーは殺されてから三ヶ月経ており、遺体は破損がひどく、骨は砕けていたのです」と母親は説明してくれました。

〈前の夫は、それを聞いて取り乱しました。彼は悪い人ではありません。ただ性格の不一致だったのです。あの人は家庭的な人を求め、私は家庭的にはなれず、それが主な原因でした。今は家庭的な奥さんをもらっています〉

シャーリーは、惨殺されるという形で人生の最期を迎えました。でも、死んでこちら側にこられたことを喜んでいました。

〈奴のことがひどく怖かったのです。奴は、私をアパートに監禁しました。最期の一撃の前に、奴は私の大腿骨をへし折り、病院へは行かせてもらえませんでした。それから抜け出せて嬉しかったのです〉

母親はこの男からシャーリーを引き戻そうとあらゆることを試しましたが、彼女は戻ってこれませんでした。タクシーを手配して、玄関まで迎えにもやりましたが、空で帰ってきました。手紙と電話はつながらず、両親が娘を訪ねにいっても、男は中に入らせようとはせず彼女は病気だと言い張りました。部屋は汚くて、シャーリー自身も両親に会うのをためらっていました。

これが単に内輪喧嘩ではなく、非常に危険な状態だと警察にようやく納得させ、アパートに突入したのですが、あまりにも遅すぎました。シャーリーは死後三ヶ月たっていたのです。しかも彼女の宝石を質に入れ、彼女の住宅金融組合の口座からお金を引き出してもいたのです。

男は、精神病院で短い治療を受けたのち、殺人を立証する十分な証拠が得られないとの理由で、そのまま自由の身になってしまったのです。

＊　＊

私は偶然にも、このようにひどいもう一つの事件に直面しました。

それはキャピタル・ラジオの電話相談の出演がきっかけでした。

ラジオの視聴者がスタジオに電話をかけてきて、私が電話口で彼らについての詳細を述べるショーのようなものでした。これは、向かい合った相談者よりも難しいのですが、時として意外な結末を迎えることがあります。

番組はいつものとおりに、何本かの電話相談が続き、それぞれに暖かいメッセージのやり取りで溢れていました。その次の電話の相談は、ある男性からのものでした。

〈スーザン〉

電話の男性の声ではなく、あちら側からの声でした。私がそのことを男性に伝えると、男性はそれは自分の娘の名前だと言いました。

するといい私の首がもの凄い力で締め付けられたのです。私は窒息しそうになりました。私ははっきりと、スーザンが首を絞められて殺されたのがわかりました。でも、どうやってそのことを伝えたらいいのかわかりません。相手の男性がどのような人物か、まったくわからないのです。私はかろうじて、こう言いました。

「この女の子は死ぬべきではなかったのよ」

電話の向こうから、うなずく父親の声がします。

「彼女はあっと言う間に息を引き取ったわ。起こってはならないことだったのよ。私が何を言おうとしているか、おわかりになりますか」

男性はそれだけで十分納得しました。番組のスタッフが「次の電話へ」と急き立てます。私は不本意でしたが、娘さんを奪われた父親の電話を切らざるをえませんでした。しかし、彼が個人的に連絡をとってくることを期待していました。

やはり、彼は連絡をしてきました。そして面会の日取りを決めました。

約束の日がきて、私は両親を前にシッティングをはじめました。

スーザンは愛人に絞め殺され、家の中に彼女の幼い娘がいたにもかかわらず、遺体を始末するために家が放火されたというのです。

しかし、彼女は殺された被害者であるにも関わらず、マスコミから「愛人」「不倫」と叩かれ、世間の非難の目は彼女の両親にむけられていました。彼女はそのことで、ひどく心を痛めていました。

〈ママ、初めてだったの。誰が何と言おうと気にしないけど、初めてだったの。信じて〉

スーザンは泣いていました。

〈夫と別居をしていたんです。離婚をするつもりだったのに、この事件が起きたんです。両親は、私がとても苦しんだだろうと心配をしているけど、そんなことはありません。私は一瞬で意識不明になったの〉

このような事件では、いつも周囲に噂が流れるものです。

〈みんなが何を言っているかわかっているけど、家庭を顧みなかったわけではないわ。神と私の赤ちゃんに誓って言うわ。初めてだったの。自分が何を考えていたのか、わからなかったの。孤独に耐えきれず、どうなるのか見たかったの。でも、私のことを悪く思わないでほしい。私たちはきちんとした躾けで、育ててもらいましたから〉

彼女は何人かの家族の名前を言い、祖母と二人の妹の誕生日を伝えてきました。

〈私は家族の中心だったのです〉

と説明をしましたが、悲しそうでした。

〈私の赤ん坊の扱いにも腹立たしく思っています。彼は、以前はマンディのことに関心がなかったのに、一体全体、何を始めたいのか。私が逝ってから、妹と私の家族が赤ん坊を渡すように要

求したのに、彼は突然、赤ん坊がほしいと言ったのよ〉

私にはなんのことかわかりませんでした。スーザンはいらだち始めました。彼女とコンタクトするのが難しくなってきました。

「たぶん、夫について話しているようだわ」と私は言いました。

「はい、そのとおりです。でもマンディはとても幸せで、父親によく育ててもらっています」と母親が言いました。

この言葉で、スーザンはかなり落ち着いてきました。

「私の娘はとても美人なんです」母親がそう言うと、

〈大きな目をして、前髪が額にかかっているのよ〉とスーザンは自慢げに言いました。

しばらくして、スーザンの声が変わったことがわかりました。

〈寝室で起きたのよ。幸い、アマンダ（マンディの本名）がいた部屋と私の寝室の間に洗面所があったの。隣りは洗面所で、その隣りがマンディのいた部屋だったの。奴は、火を放ったのよ。幸い、アマンダ（マンディの本名）がいた部屋と私の寝室の間に洗面所があったの。奴め……私がよく出かけていたのは本当よ。嘘はつかないわ。でも寝るために男を家へは連れ込まないわ〉

彼女が再び動揺してきたので、話題を変え、家族についてもう少し尋ねました。

彼女は、自分のためにお使いに行ってくれた少年のことを話しました。そして、子どものころに楽しい休暇を過ごしたホワイトベイについて話し、それから、もう一つの名を吐き出すように言いました。

〈ディキンソン！〉

「犯人の名前です」と彼女の父親が言いました。

ついに、スーザンとのコンタクトが難しくなってきました。波動がとても弱くなってきたのです。それでもスーザンは力を振り絞って、こう言いました。

〈ママ、あの錠剤を飲むのはやめて。ドリス、ママに絶対に飲まないように伝えてください〉

「やめようと思っているのに、やめられないのです」と母親はすすり泣きました。

「体に良くないわ。スーザンはあなたに、飲むのをやめるように言ってるわ。あなたは、心の中で罪の意識を持っていますが、あなたの過ちではないのですよ。もう少し、関心を持ってあげれば、彼女は結婚をしなかったか結婚生活が上手くいったのでは、とあなたは思っているわ。でも、なす術はなかったのよ。彼女はとても強い意志を持った女性で、心は決まっていたのよ」

私は母親に強く言いました。

スーザンはあちらの側へ行っても、まだ小さな天使にはなれませんでした。というのも彼女の意志は強く、自分の身に起こったことにまだ怒りを持っていたからです。

こうしたケースはよくあることです。あちら側へ行って何年かすると、聖人のように人を許す寛大さを学ぶのですが、事故や事件といった理不尽なケースで突然命を襲われて逝ってしまった人々は、しばらくは、かなりの怒りが残るものです。

例えば、ステファンがオートバイ事故で亡くなった時は、わずか十九才でした。彼は優れたライダーで、二輪の上級試験にも合格していましたが、事故を防ぐことはできませんでした。

〈ジュリーの十七才のお誕生日に、彼女とぼくは婚約をする予定でした。ぼくは彼女をとても愛し、彼女もぼくを愛していました。ぼくはいまだに彼女を愛しています〉

事故は次のようにして起こりました。

ある日、家の近くのマーケット通りを彼はバイクで走っていました。

〈道路を走っていると、女性がぼくの目の前の車線に出てきました。彼女は、何も見ないでユーターンをしたのです。ぼくは避《よ》けようとし、バイクを強く倒しましたが無駄でした。ぼくは彼女の車の横に入ってしまった〉

ステファンは冷静に事故当時のことを話していましたが、突然、怒りのトーンに変わりました。

〈聞いてくれる！　あのひどい女は、逃げたんだ！〉

彼は、残されたジュリーを心配していました。

〈あの子は、ぼくを忘れることができないのです。でも、彼女には幸せになってほしい。ほかの人とも出かけてほしいのです。彼女は、すごくかわいいから。髪は肩まであって、毛先がふさふさ揺れるのです。いつでも、冬でさえティーシャツを着ています〉

ステファンの両親であるフレッドとパット・ピースは彼が語ったことはすべて真実だと言いま

した。

ステファンの怒りに満ちた思いは、シッティングを通してじっくり話を聞いてあげることで、徐々に落ち着いてきました。

〈それと、ママがいつも言っていたんだ。〝バイクはダメよ。死ににいくような乗り物よ〟って。ママの言うことを聞いてさえいればね〉

彼は笑っていました。

Chapter 9／古家に住む霊の話

一九八二年早春のある朝、ロンドンのスワロー通りに面したピザレストランで、ウエイター二五は静かに時間を記録しました。

自動的に日付と時間を記録する特殊な時計入りのレジに、彼の番号は刻まれていました。「三月二十日、朝六時四十五分」。そう記録されました。

経営者でまだ年若いリチャードとバーバラ・ポスナー夫妻が一時間遅れの八時にやってきて、店のドアを開けました。いつものように鍵をつかって開けます。中には誰もいません。昨晩帰る時と同じようにドアには鍵がかかり、ボルトで閉められており、盗難警報機は作動していません。鍵はポスナー氏だけが持っているため、レジのスイッチは切られていました。

ウエイター二五の気配はありませんでした。でも驚くことはありません。なぜならウエイター二十五は雇われてはいないのですから。

さて、ここではこのウエイター二五のお話をいたしましょう。

＊　＊

相談者は、この店のオーナーのリチャードとバーバラ夫妻です。リチャードは開口一番、言いました。

「ドリス、あり得ないことです。つまり鍵なしでは、何もレジに記録することができないのです。まったく動かないのですよ。警備上、鍵はバーバラと私が持っているだけで、あの朝は私たち以外、誰もレジを動かせなかったのです」

バーバラも続けて言います。

「鍵の件は別として、朝六時四十五分に誰かが、レストランに入っています。警報アラームを解除するか壊さないで、どうやって入ったのでしょう」

とても不可解なのですが、これだけでは「偶然」ということもあったでしょうが、そのほかにも不可解・奇妙なことが相次いで起こるので、従業員たちは不安になってしまいました。ポスナー夫妻も、早急に対策を取る必要性を感じました。

相次いだ奇妙なこととは、たとえば、盗難警報機の一件がありました。梯子なしでは届かない高さの壁に、警報機は設置されているのですが、定期検査で警報機の回路がつながっていないことがわかったのです。さっそく専門家を呼ぶことにしました。

「専門家がベルを開けると、内部に石が打ち付けられ、回路が破壊されていました」とバーバラは言います。

「その専門家は、いままでの経験上これほど器用なものは見たことがなく、犯人はプロの窃盗集団で働いていたようだ、と言いました。しかし、どんな方法で、ベルを細工できるのでしょうか。リチャードと私はレストランの鍵を持っているし、梯子に上ったら警報機が鳴ります」

それからもう一つ、時計の件がありました。

店の壁には立派なステーション時計が掛けてあり、電気式なのでネジを巻く必要はありませんでした。ところがなぜか故障してしまうのです。その故障の仕方が不可解で、誰が何をしても、真夜中の十二時を過ぎることはなく、夜中の十二時に急にとまるのです。やむなくリチャードは時計を外してしまったということです。

それだけではありません。お店ではガスオーブンを使うのですが、これも壊れてしまったのです。はっきりした理由もなく、なぜかガスがとまって火が消えてしまうのです。これでは何も料理ができません。修理屋を呼んだのですが、故障の原因がわかって彼らは首を傾げてしまったそうです。

「オーブンの奥の見えない所でネジが外れていたのですが、それ自体は外れるものではない、と言うのです。それに専門家でない限り、ネジがそこにあったことも、何のためにあるのかもわからないはずです。確かに、オーブンの扉からは見えませんでした」とリチャードは言いました。

その次は冷蔵庫。切れるはずのないスイッチが切れて、すべての肉が解凍されていました。こうなると、なにが起きても驚かなくなってしまったそうです。

そうした様々な出来事は、幽霊の仕業ということになったのです。

そのうち、その幽霊のいたずらはどんどんエスカレートしていき、ガスを部屋に充満させたりしました。また、こんなこともありました。

ウエイトレスのヴァルが、昼食のお客用のグラスを磨いていると、〈ヴァル〉と自分の名前を呼ばれました。男性の声でした。

彼女は顔を上げ声の主を捜したのですが、誰もそこにはいません。もしかしたら、奥のコックが呼んだのかもしれないと思い、彼女は、調理室へ行きました。

「はい。何か用ですか」

するとそのコックは、怪訝な表情で、

「用だって？　何の用もないよ」

「でも、私の名を呼んだでしょう」

「いいや、俺は呼ばないよ」

一度だけなら「気のせい」で済んだのでしょうが、何度もこんなことが続くと気味が悪くなりました。

彼女が一人で働いているとすぐに、優しく自分の名前を呼ぶ声がします。しかも同じ男の声です。たったひと言だけです。彼女はそのことを誰にもうち明けられないでいました。そんなことを言ったら、周囲の人から変な目で見られるのではないかと心配したからです。

しかしある日のこと、決心してポスナー夫妻に伝えたのです。でも、そのことがレストランの従業員たちに話が広まっても、誰もヴァルのことは変だと思いませんでした。みんなが感じていたことだったからです。

幽霊屋敷のレストラン――従業員たちがそう感じてから半年後に、ポスナー夫妻が私のもとを尋ねてきたのです。

「ドリス、早急に来てもらえないでしょうか。もしよろしければ、今日の午後にでも」

私は笑いながら、

「おやおや、申し訳ありませんが、今は行くことはできないわ。来客があるんです。月曜日はどうかしら」

「大丈夫です。では月曜日に」

リチャードはほっとした表情になりました。

次の月曜日の午後……

私たち（私と夫のジョン）はポスナー夫妻のレストランでお茶をいただくことになりました。お茶を飲みながらのシッティングは私にとっては気持ちのいい気分転換となりました。というのも、このころ、私の元には許容量を遥か越えた何千というシッティングの依頼がきていて、休む暇がほとんどなかったからです。しかもそうした依頼のほとんどが心情的にとても辛く、重いものでしたので、昔ながらの幽霊屋敷訪問というのは、ある意味とても気が楽だったのです。

レストランの名前は「ピッザ・イン」。素敵な、個性的なレストランでした。

私はドアを開けた瞬間に邪悪なものがそこにいないことがわかりました。暖かくて気持ちのよい雰囲気を感じ、リラックスしました。平穏な空気が漂っていると感じたのは教会から譲り受けた調度品で飾られていたからかもしれません。

窓にはステンドガラスがはめ込んであり、椅子は教会のベンチシート。祭壇前の手すりや説教壇さえもありました。

「まあ、素敵じゃないですか」

「そう思っていただいて光栄です。私たちも気に入っています」

リチャードは嬉しそうに言いました。

「この家具は全部教会から来たものですか」

色々な所から集められたが、ほとんどは古い教会のものだと彼は説明しました。彼は私たちにお茶を用意するために出て行き、私は、椅子に腰掛けたまま手足を伸ばしました。

「気晴らしになるわねえ」とジョンに言いかけると、長い茶色のローブをきた修道士が見えました。ウエイターやウエイトレスにそうした衣装を着せているのかしらと、最初は思ったのですが、そうではありませんでした。彼は、随分昔に他界した本物の修道士でした。

彼はとても落ち着いた風情で、笑みさえ見せていました。修道士は古い物が保存されて、きちんと大切に使われているのが嬉しいようでした。とてもスイッチを切ったり、ガスを充満させたりする霊ではないことがわかりました。

「ここには、修道士がいるわ」

私はお茶を運んできたリチャードに言いました。

「でも彼ではないわ。彼はこちらへ戻ってきて、彼の物をあなた方が使っているのを見てとても喜んでいます。ほかに何かがあるに違いないわ」

しかし、この事件には何か複雑なものを感じたので、まずはリチャードの親戚に手伝ってもらえるか波長をあわせることにしました。

リチャードの父親と思われる人が出てきました。彼はリチャードがとても自慢で、レストランは大繁盛しているので、なにも心配する必要はないと言いました。

〈この事件の一部は、私たちとは無関係です。人間が作り出した職場での嫉妬です〉

リチャードの父親の霊はそう言って、最近辞めたスタッフの名前をあげました。

〈この人たちが事件の一部と関係があります〉

リチャードは、名前があがった一人にはいつも不安で、辞めてくれてほっとしたと言いました。

その怪奇現象のいくつかは世俗的なことが原因だったとしても、違う要素もあるように思いました。ともかく、そのスピリットの住処を捜すことでした。彼（あるいは彼女）の所在をつきとめれば、交信することができるからです。

このような場合、そのスピリットの存在は、凍った冷たい空気のように感じられます。まず冷たい場所を見つけるまで、床の上をゆっくりと歩きます。肉体的五感に感じる暖房とはまったく関係がありません。

「さて、これから私は部屋中を歩き回るので、私のうしろに続き、私が足を運んだ場所とまったく同じ所にあなたの足を置いてくださいね。大丈夫かしら」

私がリチャードとバーバラに言うと、彼らはそのことがおかしいらしく、笑いました。

私たちは、電車ごっこのように小さな列をなし、レストラン内をゆっくり歩きました。

リチャードは、台所に問題があると感じていたので、まずはそこから歩き始めました。

慎重に、私は床の隅から隅まで歩きましたが、何も感じませんでした。

「違うわ。ここではないわ、リチャード」

次に私たちは貯蔵用の収納庫へ移動しました。部屋独特の寒気がありましたが、霊的な冷たさは感じませんでした。

私たちは再び店内へ戻り、バーのうしろの細長い床敷きに沿って、注意深く歩きました。半分ほどきた所で、私は冷気を感じました。

「見つけたわ」

その部屋は暖かかったのですが、ビールケースの近くから、冷たい波が私のほうに流れていたのです。ところがよくよく見てみると私は、氷のバケツの隣りに立っていました。

私は、笑ってしまいました。

「嫌だわ、多分誤報だわ。氷のバケツの横にいるのよ」

この冷たさの原因は氷のバケツのせいか、または他に何かあったのか、わかりませんでした。というより、確信が持てませんでした。

レストランの中心部に戻ると、そこはかなり広くて私たちは根気よくハトのように通路を行ったり来たりしました。

そして遂にたどり着きました。私はもう一つの冷たい空気の波を感じたのです。じっと立つと、確かに冷たい空気でした。

私は振り向きながら、

「バーバラ、ここに来て立って、どう感じるか教えて」と言いました。

私が脇にずれると、バーバラは私がいた場所に立ちました。彼女はしばらく何かを探るように立っていました。そして、

「ええ、感じます。ちょうどここの部分です。奇妙な感じです」と言いました。

その時リチャードが上を見て、言いました。

「おや、換気扇の下に立っているじゃないか」

壁には、羽のついた古い型の大きな換気扇がありました。

「リチャード。それでは電源を切ってくれますか」

その換気扇がとまり、私は再びその場所に立ちました。

冷気は浴室の水のように、まだ流れていました。

「バーバラ、大丈夫よ。ここに戻って、もう一度試してみて」と私が言うと、バーバラは私が示した場所に、もう一度足を置きました。

「はい、まだここにあります。薄くて、とても変なものです」と言ったあと、こう続けました。

「行ってしまいそうです」

「行く?」と私。

「はい。今、行ってしまいました」

急いで場所を変わると、確かに先ほどの冷気は消えていました。これはとても奇妙なことでした。スピリット本体は動き回ることができますが、騒動を引き起こすのは、夫妻の注意を引いて自分の存在に気づいてほしいわけなので、かくれんぼなどしないはずです。

「不思議だわ」と私はつぶやきました。

レストランの開店時間も迫ってきたため、いつまでも幽霊を追いかけるわけにはいきませんでした。隠れている彼(幽霊)を追いかけるのをやめ、

「まあ気にしないで、彼が戻って来て話しができるか見てみましょう」と私たちはテーブルへ戻ることにしました。

テーブルについて私はあらためてシッティングを開始しました。スピリットワールドに波長を合わせると、すぐさま数人の霊が争うようにして話しかけてきました。その中の一人の男性が他を押しのけるようにして私に語りかけてきました。

〈私は殺されたんだ〉

その声はとてもぶっきらぼうでした。

〈ここで殺されたんだ〉

上手く話ができそうな感じでした。

「ここでですか。どうしたのですか」

その瞬間、空中を勢いよく落下し、首と頭をひどく打った感覚がしました。

〈階段を真っ逆さまに落ちた。一番上から下まで。やられたんだ〉

「どの階段なのかしら」

私たちはレストランの中を隅から隅まで歩いたのですが、階段はなかったのです。

〈案内しよう〉

直ぐに、アーチ型の狭くて急な階段の一番上に立っている姿が浮かびました。それは薄暗くて、昼でも灯りをともす必要がある場所にあり、とても急な階段で、降りるのは危険が伴いました。

「言っている意味がわかったわ。でも、この階段がここにあることは確かなんですか。見たことがないわ」

〈もちろん、ここにある。ちょうどこの建物の中だ〉

私はリチャードとバーバラのほうを振り向き、

「彼の言っている意味がわかるかしら」と尋ねました。

二人は互いに見つめあって、こう言いました。

「ええ、レストランの下にバーがあります。私たちとは無関係ですが、同じ建物の中で専用の入り口があり、描写されたのと同じような階段があります」

とリチャードが言いました。

「誰か階段から落とされ、殺された人を知っていますか」

夫妻は首を振りました。

「じゃあ、捜してみましょう。男性がいることは確かだわ」

男が案内するというのでついていこうとしましたが、なかなか追いつくことはできませんでした。男はかなりの数の名前を言いましたが、大半は、ポスナー夫妻には心当たりのない名前でした。

しばらくすると、男は、
〈デレク〉〈あるいはエリック〉
と言いました。リチャードはその名に心当たりがありませんでした。
「リチャードは彼のこと、知らないそうよ」
〈デレク、ベントレーと関係がある〉
またもや、ポスナー夫妻には心当たりがありませんでした。
すると波動が混乱し始め、別の声が聴こえてきました。

〈ぼくは殺されました。わかるでしょう〉

「ええ、わかるわ。あなたが言ったじゃない」

と言ったものの、最初の男性の声とは違っていましたので、私は混乱してしまいました。すると、

〈いいえ、違います！　ぼくはビリーです〉

と大きな声がしました。

〈ぼくは殺されました。事故ではありません〉

彼が話していると、鮮やかな赤毛の若い男性がバーバラの椅子のうしろに立っている姿が浮かび、体育館の強烈な汗の臭いがしました。

〈ぼくはウエイターで、殺されたんです〉

「この場所は体育館として使われていたでしょう。あるいは体操かボクシングに使われていたんじゃないかしら」

私はポスナー夫妻に尋ねました。

「知ってる限りでは、そんなことはありません。しかし、ぼくらはまだ六ヶ月しかいないし、前の人も長くはいませんでした。十年、二十年前に何があったかは知るすべがありません」

しばらくすると、最初の男性が戻ってきました。

相変わらず色々な名前を言うのですが、ことごとくポスナー夫妻が知らない名前でした。

いよいよお店を開く時間がやってきました。もうシッティングの時間はありません。

「さて、この事件に関しては終わりにします。この若者たちを悩ますなんて、正しいこととは言えないわ」

私は誰だかわからないが、聞いている人にそう言いました。

すると、返事がありました。

〈危害を加えるつもりはなかった。済まなかった。済まなかった〉

そう言うと、消えてしまいました。

「さあ、もう問題は起こらないわ。彼は、済まなかったと言っていますよ」

若い夫婦はとても嬉しそうでした。それから、最初のお客がドアから入って来たので、私たちは荷物をまとめて帰り支度をしました。

「ドリス、お帰りになる前に、例の階段をご覧になりますか」

私は了承し、バーバラは、外に出て私たちを案内しました。レストランの隣りにはもう一つのドアがあり、開けようとしましたが、鍵がかかっていました。

「残念だわ。階段はドアの向こう側で、とても急なのです」

「あなた方のバーの真下につながっているのかしら」

「はい、そうだと思います」

氷のバケツのせいにされたが、私はバーのうしろの冷気を感じた場所を、すぐに思い出しました。事実ヴァルは、その場所の近くに立っていた時に声を聞いているのです。

ふと私は、ドアの上に何か小さな文字が書かれているのに気が付きました。それはバーの免許所有者を示すタグ（標識）で、名前などが書かれてありました。

デレク・ベントリー。そこには小さい字でしたが、確かにそう書かれてあったのです。

「デレクだわ！」

私は、思わず叫んでしまいました。

バーバラも興奮して、すぐにリチャードを呼びに走りました。

デレク・ベントリーとは、先ほどの男が口にしていた名前だったのです。リチャードがやってきて、その名前を確認すると、

「すぐに戻ります。聞いてみたい人がいるのです」と近所の誰かを訪ねるために、走り出しました。

「この周りに数十年住んでいる人が、何人かいるのです」とバーバラは説明してくれました。

数分後にリチャードは満面の笑みを浮かべながら戻ってきました。

「デレクは、ある晩この階段から落ちて亡くなっています」

これで解決したようでした。ジョンと私は、今回のシッティングに満足しながら帰途につきました。

しかし、問題は全面的に解決したわけではありませんでした。時計の故障と、ウエイトレスの

ヴァルが自分の名前を呼ばれる現象はなくなったのですが、その他の幽霊現象がまだ続いていたのです。

電気はついたり消えたりし、ステレオは壊され続け、不思議なことに羽は機械から外れてコックから数センチのところに落ちて、あわやという事態になったのです。そればかりか、幽霊のビリーをからかったレストランで働いている三人の男の子らは、不気味な事故に遭いました。

私は悩みました。

バーのうしろで感じた冷気。そのほかにも二箇所ほど、冷気を感じる場所があったからです。レストランではデレク・ベントレーとビリーの二人と交信をし、シッティングの最後に彼らに騒《さわ》ぐのを止《や》めるように頼んだ際、一人の声だけが同意し謝罪をしました。思い返せば、その声はデレク・ベントレーだったように思います。すると……赤毛のビリーは？

ビリーとは誰なのでしょうか。現時点ではわかりません。リチャードとバーバラも手がかりを見つけだせずにいます。

近いうちにもう一度レストランを訪ね、ビリーと話す必要があるようです。

＊　＊

このころの私は、感覚が高まっていたのでしょうか、成人の霊と出くわすことが多くなりました。そして、肉体的にもかなり疲れていました。目の前の過密な相談スケジュールをどうこなしていったらいいのか、困り果てていました。

夫のジョンや友人たちから、わたし自身がヒーリングを受けて、癒されていました。過密なスケジュールに加えて、突然、私の自宅に予約なしで相談者が現れたりして、その対応にも神経が疲れていました。私たちの住所は非公開でしたが、一日中電話が鳴りっぱなしでした。そうした状況を見かねてか、ジョンが、

「何日かトレーラーハウスで過ごそう」

と提案してくれたのです。

ジョンは歩き回れる庭をほしがっており、長い間、ロンドンから引っ越すことを夢見ていました。鳥の鳴き声が聞こえ、玄関を開けると排気ガスの替わりに胸一杯の新鮮な空気を吸える、そんな場所に住めたらどんなに素敵だろうか――。私も同感でした。

でも現実はそうはいきません。やはり仕事のために都市部にいる必要がありました。ですから、せめて何日間か、郊外でリラックスできる時間が必要だったのです。

そんなある日のこと、ある人が家具付きで、庭さえついているトレーラーハウスが販売されていることを教えてくれたのです。私たちにとっては理想的なものでした。

「逃亡先として使えるよ」とジョンは乗り気です。

「ここにいては、電話は鳴りっぱなしで、君を発狂させるよ」

確かにそのとおりでした。

最終的にはアパートから車で一時間ほどで行ける場所に、私たちは「逃亡先」を見つけたので

す。

野原に囲まれて、小さな緑の公園の中にそれはあります。寝室が二部屋にバスルーム。台所とリビングルームと、そして小さい庭。耳をすますと、鳥のさえずり以外は聞こえてこない、ほんとうに静かな場所でした。

ジョンは庭を歩き回り、私は、天気の良い日はデッキチェアーに座り彼の様子を見ていました。

そして、養子として迎えた息子のテリーはたくさんの新しい友だちをつくりました。

ある朝、トレーラーハウスのシッティングルームへ入ると先客がいました。窓の横に立ち、通行人に手を振る見知らぬ女性。ここに来て間もなくだったので私はてっきり、間違って別のトレーラーハウスに入ってしまったのかと思いました。でも、よく見ると、彼女が座っているのは私の椅子。テーブルの上の花瓶は私が生けた花です。

もしかしたら彼女は新しい近所の人なのかも知れない。近づくと彼女は私に気がつき、振り向くと、かわいらしい微笑みを浮かべながら、明るく言いました。

〈あら、こんにちは〉

「あら、こんにちは」

私も返事をしました。と、同時に彼女は煙のように姿を消してしまったのです。

いくら慣れているとは言っても、スピリットの人々はとても実在的なので、このような場合はやはり驚く。

「私たちの前に、彼女がこの家を使っていたのかしら」とジョンに話すと、

「多分ね。近所の人たちが知っているはずだ。聞いてみよう」

「ジョン、気をつけて言わないとね。もし幽霊が出ると言い始めたら、私たちを嘘つきだと思うわ」

ジョンは笑いましたが、私の言わんとすることはわかっています。そのあと、すぐに隣りの人に尋ねました。

「この家で、女性が亡くなったことがあるか、ご存知ないですよね」

隣人は、お茶を喉につまらせそうになりました。

「何で、そんなことを言うんですか！　私はここに二年住んでいますが、そんな話は聞いたことがありません」

私は、この話題を上手く扱えませんでした。

「ごめんなさい。ただ私たちの前に、どなたが使われていたか知りたいだけなんですよ」

「ああ、だったらわかりますよ」

隣人は安心した顔で答えました。

「以前の持ち主はぴんぴんしていますよ」

もう何も言えず、あの年配の訪問者の身元は謎のままでした。

それから数週間が経ち、今度は庭が面している隣人に会う機会がありました。週末に私たちが

到着すると、初対面なのに垣根越しに古くからの友人のように、その女性はおしゃべりを始めました。そして例の話題に話を振りました。

「もちろん、そこの寝室で老夫婦は亡くなりましたよ」

垣根越しに女性は悲しそうに言いました。

私は、用心深く、

「私たちの家ってことかしら」

「ええ、そうですよ」

「その女性は、ラウンジの窓に座って、よく人々に手を振っていましたか」

女性は驚きの表情に変わりました。

「なぜ、知っているのですか。彼女は車椅子に乗っていて、私が犬の散歩をしていると、よく手を振ってくれたのです」

やっとわかった。家は彼女が以前所有しており、こちら側へ戻ってきて、私たちが丁寧に使っているかどうかを見ていたのです。

ついでながら、私の二冊の前作を読んでいただいた方々は、私たちがトレーラーハウスへ行っている間、猫のメイティはどうしているのかと、お思いでしょう。彼を置いては来なかったし、置いて来ようともしなかった、悲しいことに彼は私たちが田舎の隠れ家に来る前に亡くなったからです。彼は庭が大好きだったので、生きていれば……と、とても残念でした。

猫のメイティのことを、少しお話しましょう。

ある日、メイティは、あっさりと姿を消しました。いつものように食事時《どき》になっても姿を見せませんでした。夜になっても帰ってきません。

「おそらく、どこかに迷い込んだのよ。春だから、最後の盛りがついたのよ」

と、みんなで出来るだけ最悪の事態を予想しないようにしていたのですが、翌日になってもメイティは姿を見せなかったのです。

ジョンと私はアパートの周りの歩道や中庭を捜しましたが、何も見つけることはできませんでした。メイティは跡形もなく消えたのです。

その午後、私はひどく疲れて横になりました。

「ジョン、ちょっと横になるわね」

あくびをしながら、ソファで珍しく数分間眠りました。

私はすぐに夢を見ました。夢の中で、とても背の高い男性が、ジンジャーキャットを抱いていました。男性の顔はよく見えませんでしたが、その猫はメイティでした。そしてその男性は、姿形から私の父親だと確信したのです。

私は目を覚ましました。

「メイティのお皿を片付けましょう。彼は帰って来ないわ。父が連れていったの。もう、あちら側にいるわ」

実際、彼に二度と会うことはなかったのです。

ロンドンの家で、メイティは庭を恋しがっており、トレーラーハウスだったらたとえ小さくても、庭を楽しく歩きまわれただろうにと思うと、ほんとうにかわいそうなことをしました。一方で、あちらの世界で、動物も生きていくので、ほしいだけの広場を得ただろうとも思います。いつの日かまたメイティに会える日を楽しみにしています。

＊　＊

都会から遠く離れた田舎にいても、そこが私たちにとって安息の場所でないとわかるのに、そうたいして時間はかかりませんでした。どこでどう知ったのか、見知らぬ人が突然やってくるようになったのです。

ある晩、私はテレビを見ていました。ジョンは借りた洗濯ひもを返しにお隣りへ行っています。すると、外でなにやら人の声がします。カーテンの端をめくると、数人の男女が我が家の芝生の庭にいるではありませんか。

「多分、この場所がまだ売りに出ていると思っているのだわ」

まあ、すぐに間違いに気がつくだろうと、私はテレビ番組に戻った。

数分後に、ジョンが戻ってきて、こう言いました。

「大変だよ。外に女性がいて、君が本物かどうか一目会いたいそうだ」

「私が本物かどうか確かめるって、どういう意味なのかしら」

「誰かが、君がここに滞在していると言い、彼女は自分の目で確認するまでは信じないと言ったんだ。迷惑をかけたくないが、君を一目だけ見たいといっているんだ」

私は抵抗することができず、起き上がり古いドレスにスリッパでストッキングもはかずに、ベランダへ出ました。ファンに取り囲まれ、じっと見つめられると、女王さまになった気分でした。ところが……、さすがにここは田舎です。付近を飛んでいた蚊の熱烈な歓迎も三箇所ほど受けてしまい、数日間かゆみに悩まされました。

赤く膨らんだ皮膚をこすりながら、私はつぶやきました。

「これも、何かの学びなのね」

私の守護霊であるラノマは、こんな私を見て、なんと言うでしょうか。

「あなたの才能は人々を助けるためのもので、自己顕示のためではない」

そのような声が聴こえたような気もしました。

Chapter 10／予告された名前

車はエンジンのうなりをあげ高速道路を走っていました。タイヤとアスファルトの摩擦音、風を切る音がゴーゴーと鳴り響いていました。でも、私の耳にははっきりと、そして静かに声が聴こえました。

〈ローリンソン〉

誰？　スピリチュアルボイスであることだけは間違いありません。

〈ローリンソン〉

「ローリンソンって、誰？」

私は、メーデンヘッドでの公開デモンストレーションへ行く途中で、バークシアの田園風景が広がる中を走行中でした。

〈ローリンソン〉

「わかったわ」

私はそう答えました。何度も何度も繰り返される名前。それが誰であっても、ローリンソンは、会場で重要な名前となることは確かでした。

着いたら何が出来るか、考えてみよう。大きな会場で、たくさんの観衆を前にして行なうデモンストレーションは、聴衆の意識の度合いにバラつきがあり、期待に十分応えることができるのかどうか、不安な面がありました。多くの人々に広く浅く伝えるか、それとも数人の人々にのみ深く伝えるか、どちらがよいのだろう。メーデンヘッドではどうなのだろう。ローリンソンが、なにかのヒントになるのだろうか。

メーデンヘッドのステージに上がると、冗談などをまじえて最初の数分間は世間話をしました。観衆が和んできたので、さて、本題へ。

「まず始める前に、ローリンソンと呼ばれている方か、ローリンソンをご存知の方はいらっしゃいますか。ここに来る間、ずっとその名前が聴こえていたので、何かとても大切なことでしょう」

おどろくほど長い沈黙が続いたあと、一人の男性が手をあげました。

「私はローリンソンと言います」

すぐに、あの声が聴こえてきました。青年の声でした。

「彼は、マーガレットについて話しています」

「マーガレットは私の妻です」

「そして、ジョー、あるいはジョンと言う方」

「娘の名はジョアンです」

「それから、ポールという方は？」

するると、その男性はうつむいてしまいました。ポールという名前を聞いて、明らかに動揺していました。

その青年はグレンと名乗り、私のすぐ近くにやってきました。そして、自分は一九歳で自動車事故で亡くなったと言いました。私は今回のデモンストレーションを悲劇的な話で始めることにためらいがありました。またこのままシッティングを進めてしまうと、ローリンソンさんを困らせることになるかもしれないと感じました。

「すみませんが、次に進まなくてはなりません。あなたに伝えたいことがあるようだけど、心配しないでください。あとでまたこの続きをしましょう」

私は彼にそう伝えて、この話を打ち切ることにしました。

その後、私をとおして多くのスピリットたちが会場にいる友人や親戚らと話し始めました。結局、ローリンソンさんとの約束を守る時間がなくなってしまいました。終了の時間がきて、私は疲れ果てて控え室へ戻りました。

やはりローリンソンさんのことが気がかりでした。

疲れを癒すための一杯のお茶を飲み、二杯目のお茶に口をつけようとしたとき、控え室をノックする音。ドアを開けると、ローリンソンさんが立っていました。彼は控え室に入っていいものかどうかためらっていました。

「ローリンソンさんですね。デモンストレーションでは、約束を守れなくて申し訳ありません」

私はそう言って、ローリンソンさんを控え室へ招き入れました。

「息子さんが若くして亡くなり、私もとても悲しかったのです。息子さんは、わずか十九才で逝ってしまった、と言っていました。曲がり角まで来ていて、正面から激突されたとも。二人は亡くなり、三人は病院へ担ぎ込まれた。息子さんはそう言っています」

ローリンソンさんは、それを聞いてうなずきました。

「ええ、そうです。息子ともう一人の運転手は亡くなり、三人の乗客は病院へ運ばれました」

青年の声が、私に届きました。

〈ぼくは即死でした。苦しまなかったけど、事故に遭ったことはとても残念です。そこにいるべきではなかったんだ。ケビンのためでなければ、そこにはいなかっただろうに〉

「ええ、あの子はケビンをコックハイムの家まで送りに行ったのです」

〈パパからの頼まれごとをしていた時に事故を起こし、みんなを悲しませたことを後悔しているんだ。今は、みんな疲れきっているんだ。とくにママがね。さよならが言えなかったから〉

「はい、母親は、とくにそのことで気が動転しています。あの子はいつも出かける時に、さよならをしていくのですが、その晩は、母親が二階にいて、声をかけられなかったのです」

〈ママは、ぼろぼろになっています。ぼくは大丈夫だから、ママにも立ち直ってほしい。ぼくは、生きているし、幸せなんだから。ああ、それからマギーと呼ばれているマーガレットのお世話になっているからとママに伝えてください〉

母親にとってこのメッセージはとても癒されるものでした。というのは、ローリンソン夫人は、もし死後の世界があり、息子のグレンがそこへ行っているのなら、自分たちには親戚がほとんどいないので、グレンが独りになってしまうのではないか、と心配していたのです。そして、その唯一の親戚であるおばあさんが、マーガレットだったのです。

明るい知らせをグレンはもう一つ付け加えました。

〈ママに、ここは太陽が燦々と照らしていると言ってくれますか。なぜって、ママは太陽が大好きなんだ。それと、音楽ホールで長い時間を過ごしているとも言ってください。ポップスだけでなく、素敵な音楽も聞いています〉

ローリンソンさんは深呼吸をし、嬉しそうにうなずきました。

「暇があると、グレンはDJをやっていました。あの子はいつも〝ポップスだけでなく、素敵な音楽も演奏したい〟と言っていました」

グレンは、多くの家族の名前を伝え、事故のことに話を戻しました。

〈あの朝は家を売ることだけで、ぼくの頭はいっぱいだったんだ〉

彼は不動産屋で、その日は上司の家を売ることができたからです。そして次の週末に南フランスで休暇をとる予定でした。

グレンは亡くなってからまだ一ヶ月ほどしか経っておらず、夫妻の悲しみはとても強いものでしたが、グレンからの伝言で父親には生きる希望のようなものが湧いていました。

それから数ヶ月後のことです。

ローリンソンさんと再び会うことになりました。グレンのことについて、もっと話がしたいとの意向でした。今回は夫人のマーガレットさんも一緒でした。

「あの子は前向きで、人付き合いがとても上手でした。多くの人から愛されており、あの子の昔のアルバムを見ると、グレンが友人の肩に手を回している写真ばかりでした。

あの子と口論をしたことはまったくありませんでした。いつもあの子から謝り、腕を肩に回してきました。あの子からたくさんの愛をもらいました。私たちはいまだに、あの子の話を耳にします。病院では、空いた時間にDJをし、みんなを楽しませてくれたという話もありました。あの子の思い出を額に入れて飾ってくれています。

あの子の死で私たちの人生に大きな穴があいてしまいました。その穴を埋めることはできませんが、不思議なことが起きたのです」

＊　＊

「彼が亡くなって四日後、とても信じられない経験をしたのです。今までの人生でこんな経験をしたことはありませんでした。言葉には言い表せないほどです。

事故のあと、木曜日の午後に、私はひどく取り乱し、不幸のどん底でくたくたになって台所の椅子にすわっていました。

するとと突然、台所に光があふれてきたのです。ものすごい光が、霧の中から太陽へ向かって行くようでした。そして、

〈生まれて来るために死ぬんだ〉

とグレンの声がしたのです。

私はその時、人生、死、すべてがわかったのです。理解できたのです。それは何かと聞かれても明確には答えられませんが、その時は、気分は高揚して、とても元気づけられたのです。人生でこれほど幸せに感じたことはありません。急いでシャンパンを開けたかったほどです。

妻のマーガレットのほうを向くと『わかっているわ。同じことが昨日の夜にあったわ』と言いました。その後、友人にそのことを話すと、彼は私の頭がおかしくなったと思ったようです。

頭がおかしくなるはずがない。私は真実を見たのです。昔から言われている〝光りを見た〟という意味が突然わかったのです。でもその喜びは続かず、次の日はまた落ち込みましたが、真実は残っていました」

＊　＊

その経験以降、ローリンソンさんはスピリチュアリズムや哲学書など、たくさんの本を読んだそうです。

資産運用が本業でビジネスマンのローリンソンさんは、これまでスピリチュアルなことには無

関心でした。スピリチュアルチャーチがあることすら知りませんでした。でも、この〝光りを見た〟ことがきっかけで、メーデンヘッドでの私の講演のチケットを二枚手に入れることが出来たのです。

「近所の人がチケットを私のために取ってくれたのです。彼女は『Voices In My Ear』と『More Voices』を読んで、ドリスが助けてくれるかもしれないと思ったのです。私は行く必要があると感じました。そして、グレンからの連絡があることがわかっていました。ドリスが私の名を呼んだ時は動揺しましたが、どこかで冷静な自分がいました」

息子の死を事実として受け入れ、自分の人生はその事実と共に生きることに気が付いた、とローリンソンさんは言いました。そしてそれまでの自分の人生が、あまりにも仕事中心であったことに気が付いたのです。

「多くの人は、自分自身のスピリチュアルな体験を語ることを、恥ずかしがります。でも、なにが大切なのか、なにが事実なのかを説明すると、多くの人が驚くようなエピソードを持っていることを話してくれます。

知り合いの男性は、私の経験を聞いても驚きませんでした。『君は正しいよ。ぼくの兄弟も同じ経験をしたんだ』と彼は言い、弟さんが海軍の遠征中に体験したことを話してくれました。弟さんが数ヶ月ぶりに帰港するというので、家族全員で出迎えました。実は、弟さんには大好きだった祖父が亡くなったことは知らせていませんでした。歓迎式が終わり、弟さんに『大事な話がある』というと、弟さんは平気な顔で、こう言ったそうです。

『おじいちゃんのことでしょ。知っているよ。おじいちゃんは、船に乗っていたぼくの所に現れてさよならを言ったんだ』

不思議なことに、これ以降、このような話を山ほど聞いています」

グレンの父親の話が終わると、今度は母親であるマーガレットさんが語りました。

「あの講演は私には早すぎたのです。あの時はまだ、悲しみのどん底にいたのです。それでも、夫が講演での出来事を私たち家族に伝えてくれたので、行ってくれて良かったと思っています。私たちは、テーマについては何も知りませんでした。とてもひどい状態だった時に、この素晴しいニュースを聞いたのです。大好きだった人が、まだそこにいて、いつの日か再会できることを知って癒されました。

それ以来本を読み、みんなと話しているうちに、信じられないことを聞きました。村から来たある女性は、あちら側に行ったことがあり、亡くなったあとでも人生が続くことを知ったと話してくれました。彼女は大事故に巻き込まれ、数分間心拍停止の状態となりました。その間に起きたことをとても詳細に覚えていると言います。トンネルの中にいて、その先には明るい光が放たれており、愛する人々が彼女を待っていました。その人たちへ向って、トンネルの中を歩いて行き、その光りに達した時点で逝くことがわかり、その直前で彼女は引き戻されたのです」

ローリンソンさんにとって、息子の死は人生に大きな転機をもたらしました。

「あの事故以来、死を恐れなくなりました。かつて私は、永遠に続く暗黒の死後の世界を想像しては冷や汗をかき、夜中に目が覚めてしまいました。何年も、死への恐怖と共存してきました。今では恐れることは何もなく、すべては正反対になりました。死とは単に美と愛で満ちた高いレベルでの再生にすぎないとわかりました。しかし、これは簡単に誰もが理解出来ることではないのです。私自身あの事故の前は、こんなことを誰に言われようとも信じられませんでした。聞く耳をもたなかったのです。自身で経験をしなければわからないのです。私は自身で経験したからこそ、理解できたのです」

　さらに、その経験は人生の価値を問うことにもなったと言いました。大金を稼ぐ成功したビジネスマンの一人だったローリンソンさんでしたが、今はその才能を自分のためではなくて人々のために発揮したいと思っているというのです。

「息子の人生は短かったけれども、私の人生よりもたくさんの行ないを成し遂げたのではないかと思うのです。これから私は、人々のために何かを為したいと考えています。時が来たら、どうするべきかがわかるでしょう」

　スピリチュアルな仕組み、私はローリンソンさんとのお話でそれを強く実感しました。それは私自身のスピリットワールドへのさらなる確信ともなったのです。以来、私は新たな熱意をもって公開デモンストレーションを行なっています。

＊　＊

そういうことで、それ以降の講演会場などでのさまざまなスピリチュアルたちとのエピソードを、細切れなのですが、紹介しましょう。

＊　＊

ベルクラブ広場のSAGBの本部での講演に招かれたときのことです。会場に集まった人々の中に小さな女の子を発見したのです。その子は一人の女性の足元を飛び跳ねていました。でも、周囲の誰もその女の子の存在に気が付いていません。ですから、すぐにその子はスピリチュアルチャイルドだとわかりました。

〈ヘレンっていうの〉

女の子はニコニコして楽しそうです。

〈それとね、ここにいるのがママなの〉

そう言いながら、舞台の上へスキップをしながらやって来て、私のネックレスをつかんだのです。

〈ママの首の周りを見て。ママの首の周りを見て〉

女の子は興奮してそう言います。

その子はあきらめず、講演のあと母親を私に会わせるために正面に連れてきました。母親に事情を話すと、母親はネックレスを見せてくれました。そのネックレスにはヘレンの小さな写真が入っていたのです。

同じ講演で、少年と少女の二人が現れました。ジョンとロレーヌといい、ジョンの母親は会場に来ていました。

「何があったのかしら」とジョンにたずねると、非常に強いガスの臭いがしました。そして大量の水に襲われる感覚がして、私は混乱してしまいました。ガス事故にあったのか、それとも溺れてしまったのでしょうか。

　そのことをジョンのお母さんに話すと、お母さんは次のように説明をしてくれました。

「ドリス、あの子たちはボートに乗っていたのです。そして、ボンベの一つからガスが漏れていたのです」

〈助けを求めようと思ったんだ。でもぼくは倒れてしまった。その後のぼくの姿をママが見なくてよかった。ぼくらはイチゴ色になったんだ〉

　私にはそれが視えました。それは、恐ろしい光景でしたが、霊界では二人とも愛らしい姿で一緒に幸せに暮らしています。

　次は、ヒッチンのハードフォードシアでのデモンストレーションのことです。

　私は観客の女性が、お茶筒に四十二ポンド五十セントをへそくりしていることを、言い当ててしまいました。せっかくのへそくりを暴露してしまう形になり、観客は固まり、女性は顔が引きつってしまいました。

「はい、持っています！　四十二ポンド五十セント、そのとおりちょうどです！」

怒っているのかもしれません。女性は、私が窓からのぞき見したのではと、疑いの表情でした。


グラナダのテレビ『ドリス・ストークスと共に』という生番組に出演した時のことです。それはとても楽しい、笑いに満ちた番組になりました。

杖をついた初老の男性が、ある女性に話しをするために現れました。と同時にコツコツと杖の音がしました。

「その男性はよくステッキを使っていましたね。歩く時と椅子に座るときに使っていましたね」

私が女性に言うと、

「そのためだけじゃないです。物を同じように叩いていたのです」

スタジオのみんなが笑いました。でも、ヨークシャー訛りのその男性は言い訳もせずに、こう言ったのです。

〈ワードローブに何年も掛けっぱなしになっているわしの青い帽子を、いつ取り外してくれるのだろうか。取ったり、掛けたりしている。なんで捨ててくれないんだい〉

「言っていることは事実です。確かにそのとおりです。今も、C&Aの帽子ケースの中にあります」

と女性はくすくす笑いました。

その次は、世界中に親戚がいるという、かわいらしい老婦人へのメッセージでした。

「オーストラリアのメルボルン、ニュージーランドのクライストチャーチに親戚がいますね」

「はい、そうです」

と女性は幸せそうに答えました。

「来年は、特別なお祝いのために全員があなたに会いに来るわ」

「そうなんですか」

この時、私の耳元で何かがささやきました。

〈内緒なんだ。内緒だ。言うべきではなかった〉

「まあどうしましょう。言ったらいけなかったのね。内緒だったんです」

と私はその老婦人へ謝りました。すると、

「気にしないでください。何を言われたか、最近耳が遠くなって聞こえませんでした」

と老婦人。スタジオは爆笑となりました。


動物たちも訪ねてきました。

「バーニーと言う名前の犬がちょうど現れたわ」

私はスタジオにいた黒髪の巻き毛の女性に言いました。

「バーニーってご存知かしら？」

「バーニーですか。知っていますよ」

ところが、バーニーからの伝言があまりスピリチュアルらしくない。でも、愛犬からの伝言です。曲げて伝えるわけにもいかず、そのまま、伝えることにしました。

「さて、バーニーからの伝言なのですが……。バーニーはオウムと一緒にいませんでしたか。オウムとバーニーについて言っているのです」

スタジオ中が笑いの渦となり、その女性も笑い出してしまいました。

「ええ、オウムのぬいぐるみです。バーニーの小屋の上です」

でも話をしているうちに、その家には心臓病の手術をし、二十一年間も意識の戻らない娘さんがいたことがわかりました。

四、五才の幼い男の子が通路を走りまわっていました。名はアンソニーと言い、白血病で亡くなったそうです。両親はスタジオには来ていなかったのですが、友人がいました。アンソニーは、
〈髪の毛が生えてきたんだよ。今はもう元気になったよ〉

それがメッセージでした。


警告もありました。それはある女性へ、地下室の階段をとても気にしている親戚からのメッセー

ジでした。

「彼はこの階段をとても心配しています。最上段のドアについてで、子どもが落ちるので、早急にドアにカギを付けるように言っています」


娘さんと一緒に来ていた女性には、オートバイに対する警告でした。

「オートバイについて何か言っています。バイクの事故で亡くなった少年がここに来ています」

その女性は首を横に振りました。

「誰も知りません」

「いいえ、娘さんに関係があります。バイク事故で亡くなった方をご存知ですか」

彼女は知らないと言いました。

でも、この警告が正しいものだと私は確信していました。

「では、誰がオートバイをほしがっているのかしら」

「私です」と娘さんが言いました。

「ずっとほしがっているんですよ」と母親。

そのことでした。

〈いけない〉

と、あちら側の人々ははっきりと言いました。

「絶対にバイクに乗っては駄目よ。彼らは、この少年を警告として連れて来たのです。娘さんは絶対にバイクを買ってはいけません」

彼女は、うんざりした顔になり、家にいればよかったと思っているようで、憤懣した顔でこう言いました。

「乗ることは許されないのね」

少々気の毒に思いましたが、伝えたことを取り消すわけにはいきません。オートバイの事故でたくさんの子どもたちが命を落とし、悲しむ親たちの苦悩も見ている私としては、どうしようもありませんでした。


去年、『ラッセル・ハーティ・ショウ』に招かれ出演しました。ラッセルは素敵な青年ではありましたが、残念なことに少々神経質で、じっくりシッティングする雰囲気ではありませんでした。

これは、テレビ公開の問題点でもあるのですが、スピリットワールドがプロデューサーの意図したとおりに動くわけではありません。なのに番組の構成が最優先でした。このため、その夜の仕事には少し失望しました。

「さて」とラッセルは切り出しました。

「今夜は驚くべき謎のゲストがおこしです。もし、ドリスが彼女（謎のゲスト）の正体を見破ったら、ちょっと楽しくなるでしょう」

私はとても驚きました。私のことを透視能力者と勘違いしているようです。私はミーディアムであり、人の心を読むわけではありません。しかし、この場でこの挑戦を断ることは嫌だったし、断れる雰囲気でもありませんでした。

「何も約束はできないわ。でも、やってみましょう」

その謎の女性は、別室におりスタジオとは電話で話しをしていました。

すぐにアイリッシュ訛りの声が聴こえました。

アイルランドには二、三回行ったことがあり、そのアクセントは旅行先で聞いたのと同じようでした。……でも、忠告も同時にありました。

〈気をつけなさい。注意をしなさい〉

と私のガーディアンスピリットであるラマノはささやきました。

「この女性は、いつもはアイリッシュ訛りで話さないと思います」

私が話しているときもスピリットの声が、この女性と接触をしたがっていました。彼らの一人は、ステージのことを何かつぶやきました。

「この女性はステージに関する仕事をしています」

それからミニーという名を聴き、謎の女性は、この名前を知っていると言いました。

次はパットという名前でした。

「パットと言う名が聴こえます。パットと呼ばれている方をご存知かしら」

答える前に深呼吸をしたように、少しの間がありました。

「はい、パットを知っています」と別室にいる彼女は認めました。

私の緊張は徐々にほぐれてきました。何よりも交信があるので、問題はありませんでした。

「ドリス、申し訳ありません」

突然ラッセル・ハーティに言われ、私は我に返りました。

「もう時間いっぱいです。では、謎の客に来てもらいましょう」

私の意識は、まだ霊界と地上界の間を彷徨っているようでしたが、私に向かって歩いてくる人が、女優のパット・フェニックスとわかったとき、はっきりと私の意識は戻りました。

パットは『コロネーション・ストリート』に出演していた大好きな俳優の一人だったからです。

「ドリス、こんにちわ」

パットが微笑みを浮かべました。まったくの自然体で、長年の知り合いのように感じました。この番組がきっかけで、彼女とは旧知の間柄となり、週に二回は我が家のリビングのお客さんとなりました。

「時間があれば、もっと会えるのに。ドリスは私の支えになっているのよ」

彼女は、イメージ通り優しく、私たちは親友となりました。今もパットは定期的に電話をくれます。彼女のサイン本は本棚の宝となっているのは言うまでもありません。

＊　＊

私は仕事の関係で色々な場所に行く機会にめぐまれます。大きなホールからテレビスタジオ、ラジオの公開番組まで、実にいろいろです。とはいうものの、自宅のリビング兼シッティングルームが唯一の受付部屋で、私がシッティングしている時や電話の応対に忙しい時は、かわいそうですが、夫のジョンと息子のテリーは台所へ追い払われてしまいます。

私がもっとも嬉しいと感じるのは、ミーディアムとして、名付け親を頼まれることです。生まれてくる子は、みな純粋です。赤ちゃんは神の元、スピリットワールドからやってくるので当たり前ですね。純粋を象徴する白い花を添え、赤ちゃんの名前を決めます。

名前といっても二つあります。一つは両親が選んだ名前、そしてもう一つが私が頼まれているスピリットの名前です。これは、生まれる前にスピリットワールドで最後に付いていた名前ですので、この名前を知るために、ミーディアムはあちらの世界と交信する必要があります。

スピリット名は新生児だけとは限りません。大人でも付けることができます。ちなみに、私ドリスのスピリット名はレナです。夫のジョンはサミュエル。私の実の父親の名前はサムと呼ばれています。

数週間前に思いがけずに感動的な命名に立ち会うことができました。

長年付き合いのあるウインブルドン教会会長のデル・ロビンソン氏に、初孫ができるというので、デルの友人たちは、その日が来るのをわくわくして待っていました。

ちょうどその日、デルのパートナーのレッグが偶然我が家を訪ねていました。レッグも〝その日〟が近いのでソワソワしていました。

「ジャッキーは今日は病院にいるんですよ。そろそろ生まれそうなので、どうしているか聞いてみます。ちょっと電話を貸してもらえますか」

「どうぞ、自由にかけて。どこにあるかわかりますよね」

電話は玄関の近くにあります。彼が立ち上がって、電話のほうに歩きだすと、声が聴こえました。

〈邪魔をしてはいけないわ〉

デルの母親のローズの声でした。

「私が言ってあげるわ。大きくて、元気な男の子よ。大きな男の子。もうここよ。生まれているわ」

と電話に向かって歩くレッグに言いました。そして、その子をアレックと名付けると、ローズが言っていると伝えました。

「レッグ。是非とも電話を掛けて。でもローズは、たった今赤ん坊が生まれ、元気で大きな男の子だと私に言いましたよ」

「じゃあ、言われていることが当たっているか確認をしてみますね」

レッグが受話器を取り、ダイヤルを回しています。

私は笑いながら台所の時計を見ました。午後一時四十分を指しています。

電話は直ぐにつながり、病院での様子を聞くまでもなく、彼の声が狭い玄関に響きわたりました。

「すでになんですか！　えっ、生まれた？

何ですって！　それで、男の子なんですね！

本当に？　大きい子。それで、いつ生まれたのですか。一時半ですって。ということは、十分前ですよね……。ちょ、ちょっと一息つかせてください」

しばらくして、レッグが戻ってきました。

「正解でしたよ、ドリス。男の子で、十分前に生まれ、九ポンド七オンスの元気で大きな子です」

と、お茶に手を伸ばしながら言いました。

「あ、そうそう、一つだけ間違いがありましたよ。ドリスはローズがアレックスと名付けると言いましたが、アシュレイと名付けたそうです」

初孫の誕生で、デルは大喜びでした。そして、是非、私たちに赤ん坊を見せたいと、お誘いを受けました。むろん、二つ返事でお誘いを受けました。

うかがった先は、小さなアパート。でもそこは白い花でいっぱいで、アシュレイは見たことのないような滑らかなクリームの肌をし、小さなボタン鼻があり、あざみの房のような鮮やかな髪をしていました。私はアシュレイを腕に抱き、波長を合わせました。

するとローズはもう一度見にやって来ました。

〈とてもかわいいでしょ。素晴しい孫だわ〉

その時、もう一つの声がしました。それは高度の高い飛行機に乗っている人と話している感じでした。彼はていねいな言い回しでしたが、とても威厳のある声でした。

〈私は、この赤ん坊のガイドです。名前はクリア・ウオーターと言います〉

そして、こう付け加えました。

〈この子のスピリット名はジョンです〉

そう言い残して、スッっと消えてしまいました。私はすぐにこのことを、若夫婦らに伝えました。

その時、カメラのシャッター音が聞こえました。

我々はお茶とサンドイッチへ移り、私はジャッキーの許しを得て、アシュレイを膝の上に乗せました。

アシュレイのスピリット名は、私の赤ん坊の地球上の名前と同じです。私はアシュレイに不思議なとても強い絆を感じざるを得ませんでした。

もう一つ驚くことが待ち受けていました。

二、三週間後にあの時の写真が出来上がると、デルは私とアシュレイが一緒に写っている写真に、不思議なものを見つけたのです。アシュレイを腕に抱いた私が最前列に鮮明に写っているのですが、私の左側の天井の近くに白い大きなボールがあり、よく見るとその中に赤ん坊の顔があったのです。その光はこげ茶色のカーテンの前に浮かんでおり、付近には反射するようなガラスも鏡もありませんでした。

彼は、写真家に説明を求めたそうですが、戸惑うばかりだったそうです。誰がどう見ても、光りの中に見えるのは「赤ん坊」でした。

写真に写った赤ん坊と、私の赤ん坊、ジョン。それがどういう関係なのか、わかりませんが、私は、亡くなったジョン・マイケルが、私が思い出しやすいように、腕に抱いていた赤ん坊と同じくらいの大きさで現れたのだと思っています。

＊　＊

スピリットワールドは赤ん坊をこよなく愛しています。そのためでしょうか、私はしばしば、そうした情報をあちら側から聴くことがあります。

グラナダの番組で仕事をしていた時のことです。番組担当の男性と話しをしていると、どうも子どもが二人いるような印象がありました。ですので、何気なく、「二人の子どもがいるのですね」と私が言うと、彼は笑って否定しました。

「ドリス、一人だけですよ」

私にはわかりました。もう一人、近々誕生することが。

「今は一人だけでも、すぐに二人目が授かるわよ」

彼はまさか、とか、自分を喜ばせるためにドリスが話を合わせていると思ったようですが、一週間後に彼の妻は妊娠をしたと告げたのです。

オーストラリアを訪れていた時のことです。現地で、英国皇太子妃の妊娠を伝えたので、大喜びをされました。

一九八一年十月六日のことです。何人かのオーストラリア人記者がインタビューにやってきました。英国王室の結婚式は、まだこちらの人々の心に印象深く残っており、彼らは、若いご夫妻について話題を持ち出しました。気の早い彼らは、

「彼らに、いつ家族が増えると思いますか」

と私に質問しました。

「さてさて、こればかりは、待つと思いますが……」

と言いかけて、ふと私は言いよどんでしまいました。軽々に発言することにためらいがありました。ドリス・ストークスの憶測に過ぎなかったからです。でも、スピリットワールドからメッセージを受けたのです。私は、最初の自分の意見を訂正することになりました。

「いいえ、違うわ。そう、ダイアナ皇太子妃は妊娠しています」

記者たちはとても驚いた顔をしました。私も不安でした。というのも、私は占い師でも予言者

でもないからです。

でもそれは、自然と出た言葉で、しかも言う必要があると感じたのです。

私の発言は大きな物議をかもしました。オーストラリアの新聞は、トップ記事で扱いました。

『ドリス・ストークスが、ダイアナ妃が妊娠をしていると語った』

そして、シドニーテレグラフはこう伝えました。

「チャールズ皇太子とダイアナ・スペンサーとの結婚を予言したストークス女史。今度は、来年の七月にロイヤルベイビーの誕生を予言！」

軽はずみで言ったわけではありません。スピリットワールドからの伝言だったからです。でも、心のどこかに、間違っていたらどうするか……という思いがありました。

数週間後、その心配は取り除かれました。バッキンガム宮殿が公式発表をしたのです。

ところで、オーストラリアの新聞はどうしたのかというと、これが、かなりひねりが利いたものになりました。

『女王が知る前に、どうやってドリス・ストークスにわかったのだろうか？』

Chapter 11／自殺した霊たち

遠くで列車の音が聴こえます。

暗くて寒く……列車の音が大きくなってきました。

足元にレールがあり、レールから列車が近づいてくる振動がはっきりと伝わってきました。

突然、暗闇の中から強烈な光りが現れ、同時に轟音と突風の中で、私の体は強い衝撃に襲われました。

オートバイのサドルの脇にきちんと置かれたヘルメットが見えた——と、その瞬間に、列車にはね飛ばされる映像は消えました。


子どもを亡くすことは、いつの世でも悲劇ですが、自殺によって我が子を亡くすことは、親にとってはいたたまれないものです。親は罪の意識で苦しみ、終わりのない問いかけを生涯続けることになります。

「なぜ？」

「なぜ、死んだの？」
「何で気がつかなかったのだろう？」
「何で、苦しみを知らせてくれなかったのだろう？」
「何を間違ってしまったのだろう？」
「ほかに何か出来ることはなかったのだろうか？」

事故や病死ならば、ある程度のあきらめとともに運命だったと思うことができますが、子どもに自殺をされた親には、与えられた命が故意に無駄になってしまった――という思いだけが残ります。それは耐え難い苦痛なのです。親としての愛情が不十分だったのかとさえ思います。

では、自殺してしまった子どもはどうなのでしょうか。

このように悲劇を招く子らは、白血病の子どもたちと同じくらい、重い病にかかっています。あちら側では、自殺したからといって、罰せられることはありません。子どもの気持ちは理解され、健康な状態へ戻るように看護をしてくれます。でも、重い病が回復し、元気な姿に戻ると、この子らは、自らが招いた苦しみにひどいショックを受けることになります。

愛らしく、見るからに幸せそうなナイジェル・コックスが列車に飛び込んで自殺した。彼を溺愛していた母親は激しく取り乱し、精神の限界を迎えていました。

母親のベティは、自殺した息子が自分のうしろで泣いているリアルな感覚が消えませんでした。

私の所へ連絡をしてきたのは、ベティの友人、ロイスでした。ベティのあまりにも激しい落ち込みを心配してのことでした。

ベティは愛するわが子を失い、もはや生きている意味さえ見失っていました。ベティは私に会うなり、息子のことを話し始めました。

「ドリス、あの子は素晴しい赤ん坊でした。とても幸せそうで、決して泣きませんでした。成長すると、ユーモアのセンスにたけ、とても楽しかったです。あの笑いが懐かしくて……。あの子は、とても気前がよく、人助けを楽しんでいました。最後の二年間は、自転車仲間を喜んで手助けし、みんなからとても愛され、お葬式には百人以上も来てくれました」

私が波長を合わすと直ぐにナイジェルがそこに来ていることがわかりました。彼もまた、母親と同じように、深い苦悩に陥っていました。彼はすすり泣いていたのです。

〈許して！　許してください〉

母親が何か言うまでは、彼からは何の言葉も聴こえませんでした。

「ナイジェル……もちろん許すわよ」

と、母親のベティが言いました。すると、その場の空気が瞬間に変わったのです。ナイジェルの苦悩がその瞬間に解放されたことがわかりました。

〈やってしまったことを本当に後悔しています。あの時は、精神が錯乱していたのです〉

自殺する前、彼の人生は順風満帆でした。愛する家族、多くの友人、そして大学卒業後に待っている一流の仕事。でもどこかで歯車が微妙にズレ始めていました。

ある晩、彼は購入したばかりのオートバイに乗って出かけたのですが、警官に呼びとめられ、免許不携帯で捕まってしまいました。若い子ならば誰でもあるようなことですが、彼はそのことをひどく心配しました。

彼は正常な精神状態ではなかったのかもしれません。というのは、数週間前にディスコで暴漢に襲われ、鼻を折られたあげくに脳震とうを起こしていたのです。

〈みんな、ぼくがあの暴行から回復したと思っていましたが、実際は違いました。あの事件のあとぼくは変わりました。性格が変わってしまったのです〉

「はい、そうです」とベティが言いました。

「あの子は本当に変わりました。些細なことにも大声で叫ぶようになったのです」

「でも、ナイジェル、何であんなことをしたのかしら。あの晩に何があったの」と私は尋ねました。

彼のため息がはっきり感じられました。

〈なぜだかわかりません。錯乱していたのです〉

突然、あの線路での恐ろしい光景が脳裏に現れました。

ナイジェルは線路をバイクで走っています。線路の脇に愛用のオートバイをとめると、サドルにヘルメットを置きました。そして列車が来るほうへと歩いて行きます。

〈何で、ぼくの頭部を検死しなかったんだ！〉

彼は叫びました。

〈ちゃんと調べれば、脳の中に血栓を発見できたのに……。それが原因だったんだ〉

しかし、彼はもう大丈夫でした。母親の心の傷が癒されつつあることを知ったからです。私はナイジェルが語ったことを母親のベティに伝えました。

彼は現在、あちら側でおばあさんに世話になっていること。レイセスターシャーの別荘へ何度も家族を訪問していること。そして妹の結婚式にも出席したことを、是非彼女へ伝えてほしいと言いました。

シッティングの終わりには、ベティとナイジェルの二人とも、とてもリラックスしていることがわかりました。

その後《のち》、ベティから手紙が来ました。

「ロイスと私は、浮き浮きしながらロンドンから戻りました。信じ難いほど素晴らしい交信で、とても興奮しました。ロイスには、私は別人のようで、悲しみが目から消えてしまったと言われました。おかしなことに、今日は職場の友人らに、幸せそうに見えると言われました。今は、ナイジェルが私の母や他の家族らと一緒で、無事にいることがわかり、心が穏やかになりました。

たった二、三週間前には、あの子なしでは生きていけず、そばへ行こうと思っていましたが、待っていてよかったです」

＊　＊

マジョリー・フォーデン・クラークさんが私を尋ねて来た時は、ベティと同じ状況でした。それは何気ない日曜日の午後に起きました。息子のデイビットは、ごく普通に台所にお茶を入れに行きました。家人の誰もが何も疑いませんでした。でも、デイビットはなんとその台所で首を吊ってしまっていたのです。

無意識の行動のようでした。

彼は、母親、妹、そして妻と二人のかわいい娘の六人家族でした。愛する人々に囲まれ仕事も順調でした。彼は思いやりがあり、自殺の原因など考えられなかったのです。

それは、彼の母親であるマジョリーの頭を果てしなく回り続けた問いかけでした。マジョリーは我が家のリビングルームに座り、ティーカップを触りながら、あの悲劇で一番悩んでいることを説明してくれました。

「さて、デイビッドは何ていうかしら」

私が波長を合わせると、すぐにとても暖かく愛情にあふれた男性の声がしました。

〈一生懸命にやりました。わかってくれますか。一生懸命に生きてきました。でも……〉

〈脳腫瘍ができたと思っていました。病気だったんです。ふざけてなんて言っていません。時々、

たのです〉

頭が爆発するように感じていました。よく両手で頭を抱えていましたが、理解してもらえなかったのです〉

調べてみたけれど医者は何も悪いところを見つけられなかった、とマジョリーと言いました。

デイビットは、家族について多くを語り、それから、あの悲劇の起きた日のことに触れました。

〈お茶を入れるつもりが、突然、すべてが私には手に負えなくなりました。すべての終着のようだと言うと、誰かが〝やってみたら〟と言ったのです。痛みがまた出て来たので、薬を飲み、それ以上は思い出せません〉

これが、彼が首を吊った時のことです。

〈ただ静寂がほしかっただけです。それに、痛みから解放されたかったのですが、思っていたほど、うまくは運びませんでした。ぼくはまだ生きています。こちらで病院に行き、眠っていました〉

あちら側で再び目覚めた時、痛みは消えており、家族に対して行なったことを認識する時が来ました。スピリットワールドでは、彼は幸せそうに見えました。

〈妻には元気でいてほしい。子どもたちの世話をしてくれる、優しい男性に出会うことを祈っています。母には、外出してボランティアか何かの仕事をするように頼んでくれますか。母はとても孤独で、小さな犬と一人で住んでいます〉

ナイジェルはそのあと、こう付け加えました。

〈自殺したことで、みんなに迷惑や心配をかけてしまった。許してほしい〉

私は、ことあるごとにマジョリーと会っています。みんなと同じように、辛い日もありますが、デイビットを身近に感じています。しばしば、彼の気配が家に漂い、必要とあらば、彼はいつでも近くに来てくれることを彼女は知っています。

Chapter 12／エジンバラでの出来事

＊　＊

エジンバラにて　一九八二年九月一日

親愛なる　ドリス　ストークス　へ

昨晩、私は娘とあなたの講演に伺いました。

入場口で並んでいる時に、私は娘に、

「こんなに多くのスピリットたちが、メッセージを伝えに並んでいるから、お父さんなら、お先に、お先にどうぞ、と言うでしょう。とても礼儀正しいから、最後になるか、逃してしまうかのどちらかだわね」

と言いました。

あなたが話した最後の人物が私でした。今月に記念日が来る、二十五ポンド入っている財布を落とした者です。すぐに終わってしまい、もっと聞けなかったことが残念でした。

娘と私は、あなたが話してくれた小さなことで心が弾み、ホールからの帰り道はとっても幸せでした。

個人的なシッティングをしていただくことは可能ですか。祈っています。

希望を込めて

ミラーより

＊　＊

エジンバラにて　一九八二年九月六日

親愛なるストークス女史へ

昨晩は難題にもかかわらず対応していただき、あなたとラマノへ深い感謝の意を贈らせていただきます。醸造所の人の件と言えば、わかっていただけると思います。（青色の洋服を着て、照明の所に座っていました）一九一四年に、母の三人の兄弟と共に戦死したのが私の父親でした。家族中の青年は虐殺されました。

もう一つのダンカンという名前にはとても驚き、とっさにフランク・ダンカンを思い出しました。（あとから、フランクも付け加えてくれました）しかし、ホールを出たあとに、私が若かったころのダンサーの大御所、イザドラ・ダンカンをガイドを通して思い出すことができました。あなたからルイスと言う名も教えていただきましたが、我が家の祖先にフランス人がいるので、そのことだろうと思います。

二つの結婚指輪とネックレスの件は、おっしゃるとおりでした。

今晩は、帰郷することを考えました。父親のことをこれほど思ったことはありませんでした。

＊　＊

エジンバラにて　一九八二年九月九日

親愛なるドリスへ

今月は、集会所で行なわれた講演に二回参加しました。二冊のあなたの著書を読み、現在執筆中の次回作を楽しみにしております。

白血病でお母さんを亡くした女性とあなたが話しているのを聞きました。めったにできない経験でした。そのあとに、とても甘やかしたニャンコ（猫）を亡くし、あなたが大笑いをした夫婦が私たちです。

エジンバラへいらしていただき、ありがとうございました。

敬具　　　メアリー　スレイト

＊　＊

ストラスクライドにて　一九八二年九月十日

最愛のドリスへ

あなたにお知らせすることがあります。月曜と火曜の夜に現れた小さな娘の母親が私です。心より感謝しております。胸が一杯であまり話せませんでした。あの子の写真を同封しようと思いましたが、私には手放すことが出来ません。

度々あの子の写真を見るのです。スピリットに会うことができた、幸福な一人です。ドリス。本当に、本当にありがとうございました。本を読もうと思ったのですが、慰めが必要な一人だったことは本当に幸いでした。クリスマスパーティーでは、私の小さな娘を思い出してください。

神のご加護を

ローズ　キーナン

＊　＊

ダムフリースにて　一九八二年九月十一日

敬愛するドリスへ

あなたにお目にかかれてとても光栄でした。本の写真よりもずっとお若く見えました。

愛しのモラグに会わせていただき、私を安心させてくれた人はあなたしかおりません。

とても鈍くて、気が動揺してしまい申し訳ありませんでした。日常でも職場でも薬に頼っています。

あの時に、あなたからたくさんの名前を挙げてもらったのですが、その時は何もわかりませんでした。しかしあとになり、名前の多くを思い出しました。デレクはフィオナの彼でした。モラグは何て言うでしょうか。

モラグの写真を見れば、あなたの描写と瓜二つなのがわかります。あの事故さえ起こらなければ、私たちはみんな、もがき苦しむことはなかったと思いますが、少なくとも、いつの日か、あの子を抱きしめることができると知りました。ドリス、この贈り物に本当に感謝します。

神のご加護がありますように　モイラ

＊　＊

昨年の最も刺激的な出来事は、エジンバラ祭りに参加したことです。これらは、その訪問のあとに届いた数百通の手紙の中から、無作為に選んだ数通です。

最先端の文化と才能が中心のエジンバラ祭で、私が何を行なったのか、不思議に思われる人もおられるでしょう。私自身も不思議に思いましたから。

その場所は、怪しげな人々で溢れかえっていました。とても素敵な人々が大勢集まっていましたが、六十三才の私のような女性の目には明らかに不気味でした。

どうしたら理解していただけるだろうか。

例えば、カエルの件をご紹介しましょう。

レストランでモーニングコーヒーを飲んでいる時に、カエルが近づいてきたら、あなたは何と言いますか。美容院できちんと整えた髪でくつろぎ、コーヒーを飲もうと目を上げたら、そこにカエルが立っていたら……。いや、本当のカエルではなく、若い女性と思われる人が、足は緑色で、手は緑色に塗られ、茶色のだぶだぶのスーツを着、大きなぬいぐるみのカエルの頭をかぶって立っていたとしたら……。

私は、あまりにもビックリ仰天な情景に、音をたててカップを置いてしまいました。

そのカエルがこう言うのです。

「私は先日、あなたの講演を観ました。とても素晴らしかったです。ここにお座りになっているのを見て、思わず声を掛けてしまいました」

「まあ。ありがとうございます」

大きなぬいぐるみの頭に目がいってしまい、ほかに言葉が出ませんでした。

彼女（おそらく声からすると若い女性）は微笑んだ。少なくとも巨大カエルの顔の下で微笑んだと私は思いました。あるいは、彼女の声が微笑んで、私の幸運を祈ってくれた、と表現してもいいかもしれません。

そのカエルは来た道を戻っていきました。私の隣りに座っていたジョンは口を開けたままでした。

こんなふうに、多くの見慣れぬものがありましたが、二週間で徐々に慣れてきました。レストランの化粧室には、頭の先から爪の先まで黒をまとった二人の娘さんが、互いの顔を様々な色で、四角、三角、丸の形を塗っていました。もうびっくりすることはありません。

エジンバラは美しいところでした。

涼しい風が吹き、急な坂があります。石畳の道は少々難儀しましたが、岩の上のライトアップされた大きくて荒れたお城の美しさは、寒さを忘れさせてくれました。そして、すがすがしい空気は私を元気づけてくれました。帰宅して鏡を見ると、長いあいだシミかと思っていた目の下のくまが消えていたほどです。

ジョンと私は今回の講演での滞在先に、ホテルではなく独立したアパートを選びました。そうすれば、気兼ねしながら半端な時間に食事を頼むこともありませんし、何よりフロントを通さずに好きな時に行ったり来たりできます。そこで、友人に二週間滞在できるアパートを探してほしいと依頼しました。

見つけてもらったのはウオン氏の所有するアパートで、私たちのロンドンのアパートが、そっくり居間に入ってても、まだスペースがあまるほど広いアパートでした。私たちはスーツケースを投げ出し、その広さに見とれてしまいました。

一方の壁はすべて鏡のタイルで覆われていて、もう一方は、オレンジ色のカーテンです。別の壁には『upstairs Downstairs』のバトラーに変したゴードン・ジャクソンの等身大の絵が飾ってありました。台所は綺麗で洒落ており、備品の装置はどれも最新式で、使いこなせそうにもありませんでした。備品全部を、我が家に持って帰りたいほど、立派な品々でした。

アパートはとても快適で、町は美しく、街路の趣きは親しみやすく刺激的でした。にもかかわらず、私には心配事がありました。

どうやって、この現代的な若者の祭りに適応できるのか、わからなかったからです。斬新な劇場に集まり、ダンスをするような人々は、私のようなおばあさんに興味のある人たちではないでしょう。会場に人が集まらずガランとしていたらどうしよう。私は、堅苦しい間抜けなおばあさんに見えるだろう。

私のガーディアンスピリットのラマノは、疑り深い私の言葉を聞いて、ストレスで歯ぎしりをしているのではないかと思いました。彼はいつも私に〈信じるように〉と言う。もちろん、それが正しいか見極める必要がありますが、信じるだけで心配事はなくなるものです。いずれにしてもスピリットワールドは、この祭りが大事でなければ、私をここへ来させたりはしないでしょう。

そう思って講演に臨みました。

講演初日のことです。

若い女の子が現れました。名前はモラグと言い、スコットランドの姓も明かしましたが、そちらの名は言わないでほしいとのことでした。彼女は、ロバートと一緒にいたモイラを捜していると言いました。

私がこのことを会場の人々に伝えると、沈黙が広がりました。誰もモラグを知らなかったからです。

「ごめんなさい。あなたを知っている人はここには、いないようね」

しぶしぶモラグは行きました。その夜の講演の中で、モラグはもう現れませんでした。

ところが次の夜にモラグは再び現れたのです。

彼女は根気強い少女であることがわかりましたが、残念ながら今夜も、会場にはモイラに心当たりのある人物はいませんでした。

その夜の講演が終わった直後に、なんとモイラという名の女性が私に電話をしてきたのです。会場にいた誰かが、今夜の講演で該当がなかったメッセージのことを話したのでしょう。

彼女の娘の名はモラグで、父親はロバートと言い、彼もまたあちら側にいっているとのことでした。彼女は個人的なシッティングをしてもらえるだろうかと、尋ねました。

「いいでしょう」

私は予定でぎっしりの手帳をめくりました。

「来週の金曜日、十二時はどうかしら」

彼女はこうして、金曜日に私のもとを訪れることになったのです。

エジンバラでは、公共の場でもデモンストレーションを行ないました。午後五時からのデモンストレーションでは、波長も良く、笑いや涙ありで、しかも現れたすべてのメッセージが伝わりました。その中の一つが次に紹介するものです。

白血病で若くして亡くなった母親が、娘と話すためにあちら側から戻ってきたのです。彼女は数名の家族の名前を言い、ドナと呼ばれている少女の姉が結婚をすると言いました。〈花束の中に、小さなバラのつぼみを、私のために入れるように彼女へ言ってくれませんか。そして、〝これがママよ。ママがいるのよ〟と伝えてください〉

私がふと顔をあげると、観客の少女が突然泣き出してしまったのです。自分の母親だったのです。会場は静まりかえり、その後あちこちですすり泣きの声がしました。男性も泣いていました。

その五分後は対照的なことが起きました。

並んで座っていた二人の老婦人が対象となりました。二人は姉妹でした。スピリチュアルなささやきは、二人の名前と詳細なことを伝えてきました。でも、その内容が実につまらないことで、あまりのつまらなさに会場が笑いに包まれたのです。

〈大きなジンジャーキャットの世話をしています〉

「そこのお二人さん、これは正しいですか？」

「はい、そのとおりです」

「その猫はお姉さんに飼われていて、ところが、彼女はオーストラリアへ行ってしまった、とあちらの人が言っています」

「はい、そのとおりです。姉はとてもお金のかかる猫を置いていったのです。特別食だとは言わなかったんです」

会場が笑いに包まれ、その声が外にもれたのか、大勢の人が何事かと公開会場に顔を見せたほどです。

＊　＊

このころはもう慣れっこになっていましたが、スコットランドでも私についての論争が起きました。

私のエジンバラ滞在中にスコットランドの新聞社から、多くの記者がインタビューにやってきました。その中で、神についての質問を受けました。記者は私にこう質問したのです。

「私の言っていることは、神を信じないと言うことです。ドリス、あなたは信じますか」

記者は若い女性でした。彼女は、ノートを開いて私の答えを待ちました。

「ええ、もちろん。神なしでは、私は存在できなかったし、確実に、この仕事はできなかったわ」

彼女は眉をひそめました。明らかに彼女の聞きたかった答えではなかったのです。

「では、イエスについてはどう思いますか」

私は自分の信じることを話しました。ほかの誰にも信じるようにと強制はしないし、百パーセント正しいともいいません――と。それは、私の見解であり、ただそれだけのことです。

「私は、イエス・キリストはかつてないほどの偉大なミーディアムかつ、ヒーラーで、教会の政治的な理由によって死に追いやられたと思っています。教会が提供をできない何かを持っていたので、彼を恐れていたのです」

若い新聞記者さんは猛烈に走り書きを始めました。

「では、イエスの受難についてはどう思いますか」

「それは、あったと思います。しかし、イエスの受難のお陰で、彼が私の罪を償うことができるとは思っていません。私が行なったことに彼は責任を負えません。自分自身で責任をとるしかないのです。私が間違いを犯したら、ただ教会に行き罪を告白し、出て来て、また同じことを繰り返すことはできないのです。私は自身の行動に責任があり、間違いを犯せば償う必要があるのです」

その記者はとても満足したようで、さらに幾つかの質問をしたあとに、荷物をまとめて帰っていきました。

さて、その記者さんが書いた新聞が発行されました。

大きな見出しです。

『ドリス・ストークスはイエスを神の子だとは信じない』

と、あるではありませんか。

これは多くの人々、とくに私の依頼人を動揺させることとなりました。

祭典の三ヶ月前から、エジンバラでのシッティングの予約を入れていた男性がいました。祭典が近づくにつれ、彼は二、三日毎に予約の確認のために電話をよこすほどでした。彼とのシッティングの約束は木曜日の十二時でした。

その日は、ちょうどこの新聞が出た日となりました。

男性もきっと、この新聞を読むことでしょう。私はその記事にイライラしていました。誤解もはなはだしいと感じていました。でも、そうした怒りや苛立ちをシッティングの場に持ち込むわけにはいきません。ましてや三ヶ月もシッティングを待っていた男性に八つ当たりするわけにもいきません。

十二時にドアのベルが鳴り、私は自分自身を落ち着かせました。

ジョンがドアを開けると、驚いたことに若い女性が立っていました。

「ドリス・ストークスに会いにきました」と彼女は言いました。

「ごめんなさい、何かの間違いだと思います。ドリスは男性を待っています」とジョン。

「あら、彼なら来ません。私に予約を回してくれたのです」

男性はあの記事に怒り、この女性に譲ったのだと思いました。ジョンは半信半疑で彼女を玄関にいれ、事情を聞きました。

リビングで、その男性が予約をキャンセルした経緯をジョンから聞いているうちに、私は思わず激怒してしまいました。予約が一杯で諦めざるをえなかったエジンバラの絶望的な人々のことを思うと、激怒せずにはいられなかったのです。私とのシッティングを切に願っていたこの人たちは、子どもや夫や妻を亡くしており、心のやすらぎを願っているのです。その誰もが予約のキャンセルを知れば、すぐさま飛んでくるのに、あの男性は単に好奇心だけの人を私のもとに寄こしたのです。

「だめ、やらないわ。本当に助けが必要な人のために力を蓄えておきます」とジョンに言いました。

気まずそうに、ジョンは玄関にいる女性へ私のメッセージを伝えました。片寄っていたかもしれない。それは彼女の過ちではないのですが、私はとても不愉快でした。

そのあと問題の新聞にざっと目を通すと、その悪意によって胃が痛くなるほどでした。しばらくするとドアのチャイムが鳴りました。もし、先ほどの女性が戻ってきたのなら、今度は会おうと思っていました。ジョンがドアを開けると、そこにはモイラがいたのです。ジョンは戸惑ったような顔をして、リビングの私に、こう言いました。

「モイラだよ。彼女は日付を間違ったようだ。君は金曜の十二時と言ったのに、彼女は木曜日の十二時と書いてしまったんだ」

私は、安堵の息をつきました。ありがたいことでした。

私は立ち上がり、ドアまで行き、モイラを招きました。

「気にしないで。どうぞ、お入りください」

一日早く、しかもこんなことがあった日にモイラと会えるなんて、幸運だと思いました。

彼女はエジンバラにいる私に会うために、長い道のりを旅してきたのです。娘を亡くした悲しみから逃れるために、薬を服用しなければならないほどだったのです。

シッティングが始まりました。

モラグはすぐに現れました。モラグが現れると、空中に投げ出され、喉に苦痛を感じました。

モラグは車で旅行中、ドアが開き投げ出され、バス停の棒に当たり即死したのでした。

彼女は兄、姉、姉のボーイフレンドの名前をあげました。彼女は母親が持っている写真について、

〈写真の中で着ているジャンバーは、ママがタンスから出して、顔をうずめたんです〉

彼女は、母親が精神安定のために飲んでいる薬について心配をしていました。

〈ママ、お願い、薬はやめて。飲まないで〉

精神の安定のために、薬は母親にとって必要でした。でも、彼女はそれをやめてほしいと、願っていました。

＊　＊

エジンバラでの滞在中に、ロンドンの我が家近くで働く男性を助ける機会がありました。『ジミー・ヤング・ショー』のプロデューサーは、私を捜すためにエジンバラ中に必死で電話をかけていました。ジミーは、新作本の宣伝旅行に出かける予定になっていたのですが、急遽、キャンセルしました。それには理由がありました。

二つの出来事が、彼に危険を知らせたのです。

あるミーディアムがジミー・ヤングの上に黒い雲を見て、警告だと言いました。そこで彼の友人が、ヒーラーを訪ねると、そのヒーラーは、男性と飛行機事故との関係が視えると言いました。小さな飛行機の中で、男性が頭に深い傷を負い、ぐったりとしている、というのです。

ジミーはこの二つのメッセージによって、全国ツアーの最中に、彼の小型飛行機が事故に遭う――と結論を出したのです。しかし、出版社側は何ヶ月も前から準備し、相当の費用も使っているだけに、はい、そうですか、とはいきませんでした。ということで、私に、彼の心を動かす白羽の矢が立ったのです。

「では話してみましょう。しかし、危険が迫っていれば伝えますよ」

「ええ、もちろん。彼が事故に遭わないでほしいだけですが、過剰な反応をしてる、とぼくらは思っているのです」

私は、ジミー・ヤングが電話口に出るのをわくわくしながら待っていました。彼の番組が大好きだったからです。彼の個性的な容貌も魅力でした。

私は、受話器を手にしたまま、ジムリーブスのレコードをかけてもらおうかと夢を見ていると、突然、明るく快活な声が私の耳に入ってきました。

「ドリス、こんにちは。お元気ですか」

ラジオでいつも耳にするジミーの声でした。彼は、例の警告についての詳細と感想を語ってくれました。

「ドリス、ある人は、ぼくがおかしくなったと思っているでしょう。でも、知ってて危険をあえて冒したくないんだ」

「そうね。じゃぁ、あちら側のあなたの親戚を見つけて、尋ねてみましょう」

波長を合わせると、すぐにジミーの父親と交信ができました。

〈気にしないようにと彼に言ってください。大丈夫です。私がそばにいるし、何の心配もありません〉

私は、そのほかのメッセージと一緒に伝えました。結果的にジミーは翻意しました。無事に本のツアーは行なわれ、最後にはオーストラリアへも飛び、お土産にサイン入りの本を私に送ってくれました。もちろん、本人はぴんぴんして帰国しました。

* *

一部の人々は、私たちの仕事を、いまだに怪しいと思っています。

ロンドンへ戻ると、牧師から邪悪な私の本を読むのは不道徳だ、と言われた女性から手紙をもらいました。ここ何年も、このような手紙が届きます。

手紙を読むと、たいていは、牧師の敵意のある態度に最初は驚いたが、気にせずに読み続ける決心をした――というのがほとんどです。

「何を言われても平気です。慰めをくれたものは、あなたの本だけです」

残念なことですが、現時点の正教会ではミーディアムを認めていません。

牧師の一部は、私たちを悪魔の手先だとみなしています。多くの機会で、私は牧師と演壇を共にし、サザーク宮殿では、サザークのマーヴィン・ストックウッド主教にシッティングを行ないました。この出来事はスピリチュアリズムに対して教会が混乱しているようにも思えます。

友人のテリー・カーターは、当時のマーヴィン・ストックウッド主教に会いに私を連れて行きました。テリーと私はイースター祭の舞台に出演することとなっていたのです。

車でサザーク宮殿の巨大な入口を走り抜け、主教と会うために多くの美しい部屋をとおり抜けました。自分が何を期待していたかはわかりませんでしたが、マーヴィン・ストックウッド主教は、その期待を裏切りませんでした。

彼は、見事な紫のロープで飾られた豪華な主教の座に座っており、まるで国王に面会しているようでした。少し心配でしたが、興味深いシッティングができ、その後は普通の会話をしました。

テリー・カーターは主教にイースター祭の運営計画を話しましたが、一点だけ助言が必要でした。

「主教、私は自分のカラーを着けてもよいでしょうか」

主教はしばらく考え、

「だめだと思いますよ。できないと思いますよ」とあいまいな言い方をしました。

実際に禁止したわけではありませんでしたが、私は主教の反応に切れて、切れてしまいました。

「あなたは偽善者だと思います！」

自分を抑えきれずに、爆発してしまったのです。言ってしまったあと、しまったと思いましたが、もう遅い。

「ドリス、なぜ、そんなことを言うのですか」

と主教は冷静に尋ねました。

こうなったら、自分の意見を述べようと思い、思いのたけを述べました。

「ご自身をご覧なさい。私がシッティングを行なっている間、あなたは、主教の指輪をはめて、紫でかためた中に座っていました。そして、テリーが礼拝を行なう時に、カラーを着けてはいけないと言う。それこそ偽善だと思います。決定権はテリーに任せて当然だと思います」

主教は良識のある人でした。彼はうなずくと、私の意見に同意してくれたのです。

そして、聖金曜日がやってきました。ブリックストンでの面会で合意したように、テリー・カーター牧師は、みんなに見えるように彼のドッグカラーを着けて、勇敢に舞台に立ったのです。

Chapter 13／最後に

最後に入院をした時に、アイルランド人の友人がお見舞いに来ました。

「ドリス、君はいつも病院にいるようだね。今までに何回手術を受けたのだい」

私は、元気よく指で数えました。

「今回で、十二回目だわ。乳房を取り、甲状腺を取り、膀胱を取り、卵巣を摘出されたわ。子宮摘出とちょっとした手術が七回」

「じゃ、なぜかわかるよね。その意味が」

「いいえ、わからないわ？　何でかしら」

「スピリットの世界に君を連れて行きたいんだが、できないんだ。君は忙しすぎるからね。だから、部分的に持って行っているんだよ」

私は、大笑いしました。今までで一番おかしな話だったかもしれません。笑い過ぎは、縫合部分によくないので、友人にもう冗談は言わないように約束をさせました。

でも、そのあとで、ふと考えさせられてしまいました。この歳で、これだけの手術をして、残された人生は、あとどれくらいなのか。この手術が最後になるのだろうか。

ラマノに尋ねてみました。

「ラマノ、あとどれくらい時間が残されているのか教えてください」

長い間無言でした。そして、いつもどおりの不思議な答えが返ってきたのです。

「神からの仕事を行なうには充分な時間が残されている」

それは、本当に重要なことでなく、知ることはできませんでした。

私は死を恐れてはいない。ジョンやテリーや愛する多くの人々を残して、急いであちら側に逝こうとは思いませんが、楽しみにしている冒険であるし、いつの日かジョン・マイケルと再会でき、この腕で彼を抱きしめ、二度と別れることがないと思うと、幸せを感じます。

だから、私のように子どもを亡くした親御さんたちは、どうぞ、亡くなった子の部屋を神聖な場所として残さないでほしいのです。

去ってしまった子どものことばかりを振り返るのをやめてほしいのです。

亡くなった子のおもちゃや衣類は大切に扱い、残された子どもたちを抱きしめ、そして、短い間でも特別な子どもを授かり、喜びを与えられたことを神に感謝し、確かで、確実な認識として、いつの日か、あなたが役目を終えた時に、またあの子に会えるということを覚えていてほしいのです。

私のお墓の前にたたずんで泣かないで
私はそこにはいないから　眠ってなんかいないから

私は数えきれないそよ風なの
私はそっと舞い降りる雪なの
私は静かに降りそそぐ雨なの
私は穂のたれた麦畑なの

私は朝の静けさの中にいるの
私は群れをなした美しい鳥たちの中で
優雅に飛び回っているの
私は夜空の星のひかりなの

私は満開のお花畑にいるの
私は静かなお部屋にいるの
私は鳥のさえずりの中にいるの

私は美しいところにいるの
私のお墓の前にたたずんで泣かないで
私は死んではいないのだから

メアリー E・フライ
1932

了

＊＊　訳者あとがき　＊＊

「生き方とヒーリング系と、どちらがいいですか？」
「生き方をお願いします」
と私が答えると、江原先生はご自身の本棚から五冊の年季の入ったペーパーバッグを取り出された。イギリス留学時代にご購入された本でした。

これが私とドリス・ストークス女史との出会い。本の表紙にニッコリと微笑むドリスの顔がとても印象的で、帰りの電車のなか、胸の高鳴りを抑えながらページを開いていたことを今でも思い出します。

ごく普通の家庭に生まれ育ち、結婚後は普通の主婦として過ごすはずが、最愛の息子ジョン・マイケルの突然の死によって一変する。納得できない死に直面し模索した結果、スピリチュアルチャーチにたどりつき、死は無ではなく魂は永遠だということ。亡き息子はあちら側の世界にいること。そして何より彼女自身に、神からの贈り物である霊能力があることに気がつきます。

元来、子どもが大好きなドリスは、とくに幼くしてあちら側の世界へ渡った子どもたちとの関わりを優先していました。イギリスをはじめ、オーストラリア、ニュージーランド、アメリカなど世界を講演してまわり、人々を悲しみの淵《ふち》から救いました。どんなに有名になっても母性あふれる温かい人柄は変わることなく、一人の母親として体力の続く限り、自身の役目を貫く姿は、多くの人々から愛されました。

霊能者として、あちら側の世界を十分理解しているにもかかわらず、「すべての能力を投げ出しても、ジョン・マイケルをこの手でもう一度抱きしめたい」と正直に語るドリスには、誰もが心打たれることでしょう。

これほど暖かく、人間味のある素晴らしいミーディアムを、日本ではほとんどの人が知らなかったとは……。

原書を読み終えると、表紙のドリスの写真に、

「You will be famous in Japan」（ドリス、あなたは日本で有名になるよ）

と語りかけている私がいました。

この本をとおして、一人でも多くの人の心に、生きる希望の灯がともることを願っています。

また、原書のタイトルに「innocent voices」とあるとおり、すべての魂は本来、無邪気なもの、純粋なものであることを思い出していただければ幸いです。

最後に、出版にあたりご尽力いただいた、ハート出版の藤川編集長、そして、ドリスとのご縁を作っていただいた江原啓之先生に、この場を借りて心より御礼申しあげます。

感謝をこめて

平成十八年七月　横山　悦子

著者紹介／**ドリス・ストークス**

1920年イングランド生まれ。幼い頃より霊能力を持つ。

シッティング、未解決殺人事件、テレビ出演、世界各地での公演等に尽力する。後半はガンに冒され　計13回手術を行なう。

主な著書にVoices In My Ear, More Voice In My Ear, Whispering Voicesがある。

1987年5月没。

翻訳者紹介／**横山悦子**（よこやま　えつこ）

1965年東京都生まれ。

高校時代に渡米。米国コロラド州立オテロジュニアカレッジ卒業。

帰国後、外資系半導体メーカーを経て英会話講師。

監訳者紹介／**江原啓之**（えはら　ひろゆき）

スピリチュアル・カウンセラー
スピリチュアリズム研究所主宰
1964年東京生まれ。英国で学んだ学問としてのスピリチュアリズムを取り入れたカウンセリングを開始。（現在は休止しています）
主な著書に「人はなぜ生まれいかに生きるのか」（当社刊）ほか多数。
我が国を代表するスピリチュアリスト。
監訳者のホームページ　http://www.ehara-hiroyuki.com/

残された家族への愛のメッセージ
天国の子どもたちから

平成18年8月4日　第1刷発行

著者　ドリス・ストークス
発行者　日高裕明
Printed in Japan

発行　ハート出版
〒171-0014　東京都豊島区池袋3－9－23
TEL03-3590-6077　FAX03-3590-6078
ハート出版ホームページ　http://www.810.co.jp

乱丁、落丁はお取り替えします。その他お気づきの点がございましたらお知らせ下さい。

ISBN4-89295-533-7　編集担当／藤川　印刷／図書印刷